DIX JOURS

DE 1830.

Tous les exemplaires des DIX JOURS DE 1830 *doivent être revêtus de ma griffe; je poursuivrai les contrefacteurs suivant la rigueur des lois.*

Imprimerie d'A. PIHAN DELAFOREST, rue des Noyers, n° 37.

DIX JOURS

DE 1830

SOUVENIRS DE LA DERNIÈRE RÉVOLUTION;

PAR A. S..., OFFICIER D'INFANTERIE

de

L'EX-GARDE ROYALE.

DEUXIÈME ÉDITION

REVUE ET AUGMENTÉE.

PARIS,

L.-F. HIVERT, LIBRAIRE-ÉDITEUR,

QUAI DES AUGUSTINS, N° 55.

1831.

PRÉFACE

DE LA SECONDE ÉDITION.

Lorsque je me décidai à publier ces souvenirs de notre courte révolution, j'avais en vue de mettre les lecteurs impartiaux et de bonne foi à même de juger quelle avait été notre conduite militaire pendant le cours des désastreux évènemens dont les conséquences pèsent aujourd'hui, d'une manière si fatale, sur les destinées de notre belle patrie : c'étaient des matériaux que je cherchais à réunir pour l'historien obligé de puiser à toutes les sources. Je dois le dire aussi, le désir que j'avais de venger l'élite de l'armée des lâches ou absurdes imputations auxquelles on avait un moment voulu la rendre en butte, m'ayant porté à recueillir un grand nombre de faits dont j'avais été témoin, et qui tous, plus ou moins, viennent prouver l'esprit de modération dont la Garde n'a cessé de se montrer animée pendant la pénible lutte qu'elle a eu à soutenir ; j'ai cru que je pouvais encore intéresser par un récit fidèle de ce que j'avais vu. Déja loin des journées de juillet, et sans cesse ému par les nouvelles catastrophes qui sont venues tour à tour fatiguer son attention, je pouvais craindre que le public auquel je m'adressais, ne parcourût qu'avec indifférence cet album de nos derniers malheurs ; mais l'accueil que vient d'obtenir la première édition, me fait voir qu'à mesure que l'enthousiasme factice qu'était parvenu à exciter, dans les premiers momens, la plupart des relations populaires, décline et s'éteint, la raison nous permet aussi d'élever la voix avec quelque faveur parmi nos opposans, et de nous en faire entendre.

Ainsi, profitant de cette position avantageuse, j'aurais

pu, en faisant paraître une nouvelle édition de mon ouvrage, former un récit plus complet, et insérer une grande quantité d'*on dit* populaires ou militaires ; mais ces relations, faites après coup, ne pourraient entrer convenablement dans le cadre que je me suis tracé. Je m'en abstiendrai donc, ne pouvant en garantir l'authenticité, et resterai fidèle à mon but de raconter ce que j'ai recueilli moi-même alors, et de peindre de mon mieux les scènes déplorables dont j'ai été témoin. La position de celui qui raconte influe nécessairement sur les jugemens qu'il porte et sur ses opinions, comme celle du peintre influe sur l'image du site reproduit par ses pinceaux. Voilà pourquoi, avant de commencer mon récit, je m'étais permis de rappeler au lecteur ma position particulière.

J'aurais bien pu encore, il est vrai, d'après ce qui s'est passé au mois de décembre, revenir sur la composition des masses qui ont combattu en juillet, et je crois qu'à l'exception des jeunes chefs, j'aurais été forcé, en dépit d'une autorité très populaire, celle du héros des Deux-Mondes, de reconnaître, à la parodie de décembre, les braves des premières barricades. Je pourrais m'étonner de voir aujourd'hui presque maltraités les véritables héros de juillet, et renvoyer sur leurs bancs ceux que l'on a si fort encouragés à les quitter, pour conserver la tête de tant de gens qui la cachaient alors et la portent si haut aujourd'hui. Je pourrais enfin, au rôle de narrateur joindre celui de critique ; mais comme les faits seuls doivent parler, et parler plus haut que les raisonnemens, je crois que cela pourrait nuire à la confiance que j'ai cherché à mériter, et à la bonne foi avec laquelle j'ai retracé la plupart des faits vus par moi et bien observés. Ainsi, à l'exception de quelques particularités que j'avais pensé devoir omettre dans la première édition, l'ouvrage que je soumets de nouveau au jugement du public, est tel qu'il a déja paru.

Je profiterai seulement de l'accueil que ces notes ont trouvé, pour appeler l'attention du lecteur sur un point de quelque importance pour de braves officiers, celui de la défense des droits de la Garde Royale, si violemment méconnus. Je serais heureux, que parmi ceux que mes souvenirs peuvent intéresser, il se trouvât quelque député, ami impartial, mais ardent de la légalité, qui se décidât un jour à embrasser la défense de notre cause, et voulût bien la soutenir à la tribune. Et pourquoi, à l'exemple de tant d'honorables; qui pendant huit ans, se sont plu à protéger de leur éloquence les réclamations du colonel Simon-Lorière, ne se porterait-il pas le défenseur de pétitionnaires officiers de l'ex-Garde? Pourquoi, au moment où une loi nouvelle est proposée aux Chambres, laquelle diminue le temps d'ancienneté nécessaire pour passer d'un grade à un autre, pourquoi, au moment où tant d'officiers sont rappelés sous les drapeaux, ne viendrait-il pas s'élever contre l'effet *rétroactif* qu'on applique à une ordonnance qui prive des officiers restés fidèles à leurs sermens militaires, et qui n'ont su que remplir leurs devoirs, d'une ancienneté qui les empêche de pouvoir concourir avec avantage avec leurs anciens ou leurs nouveaux camarades de l'armée? Est-il donc juste que ceux-là surtout, qui n'ont ni parens ni amis auprès de Messieurs les Ministres, ni moyens d'existence autre que leur noble état, se voient encore les plus maltraités? N'est-il pas curieux de voir une ordonnance, faite pour satisfaire aux exigeances du jour, sacrifier, dans l'ex-Garde, les officiers soi-disant les plus populaires; puisque ceux qui n'avaient aucune aisance, ceux qui ne pouvaient se résoudre à accepter les dégoûts, *les tracas et les privations* de la demi-solde, ont justement plus perdu que les autres? (1)

« Réparez les torts qui nous ont été faits, » pourrions-nous dire aux députés de la France, si la plainte était permise, et si la voie hiérarchique ne devait nécessairement faire parvenir, sous peine de défaveur ou de punition, au Ministre, les plaintes contre le Ministre. Que de raisons n'aurions-nous pas à faire valoir, nous qui sommes restés fidèles à Charles X malheureux, en voyant que les plus fermes soutiens de la nouvelle monarchie sont en grande partie, et les anciens amis de Napoléon heureux, et des Bourbons! Nos sermens, qui n'ont point été violés, pourraient être comptés pour quelque chose, et cette raison devrait empêcher que nos droits ne fussent pas comptés pour rien. Enfin, que d'argumens en faveur d'un corps qui faisait l'objet de l'admiration des étrangers par sa composition, comme il était celui de l'émulation de toute l'armée, dont il formait l'élite! Mais, en attendant que la tribune généreuse retentisse des justes réclamations de l'ex-Garde Royale, le seul espoir des officiers qui en faisaient partie, est que la vérité sur leur conduite soit bien connue; je m'estimerai heureux, si j'ai pu y contribuer par le récit que j'ai tracé.

---

(1) Voir l'ordonnance du licenciement, qui prescrit que ceux des officiers qui reprendront de suite du service, perdront complètement le grade supérieur.

AVANT-PROPOS

DE LA PREMIÈRE ÉDITION.

En retraçant les faits dont j'ai été témoin pendant les derniers jours du règne de Charles X, je ne prétends pas même ébaucher des Mémoires. Le hasard m'ayant placé près de plusieurs chefs militaires pendant le combat, ayant suivi le gouvernement royal jusqu'à sa dissolution complète à Rambouillet, je puis, en recueillant mes souvenirs, raconter ce que nous avons vu et éprouvé pendant cette agonie de six jours de la monarchie. Peut-être fournirai-je ainsi des matériaux à l'historien qui, voulant puiser à toutes les sources, saura se placer en dehors du prestige dont des écrivains contemporains et passionnés environnent ce que l'on est aujourd'hui convenu d'appeler la glorieuse semaine et les immortelles journées.

Sans doute la postérité la plus reculée redira comment, en trois jours, s'est écroulé le beau trône de France, et le souvenir de cette catastrophe sera immortel. Mais à côté de tous ces éloges pompeux, qu'il nous soit au moins permis d'exposer les faits sous un autre point de vue, et de dire notre opinion sur les acteurs passifs de ces combats si vantés.

Sous-lieutenant dans la Garde, je n'y étais entré qu'après quatre ans de service dans un régiment d'infanterie de ligne. La Garde, corps d'élite, n'était pas, ainsi que beaucoup de personnes mal instruites l'ont cru, un corps privilégié : car, sans opposer en sa faveur l'existence dans les régimens de ligne des compagnies d'élite privilégiées, sans rappeler la formation des corps d'élite à toutes les époques où l'on a voulu composer l'armée pour la victoire, il est bon d'apprendre à ceux qui nous croyaient les partisans absolus du privilège, que, dans la Garde comme partout, l'avancement dévolu aux sous-officiers était consacré. Ainsi un capitaine et plusieurs lieutenans de notre régiment étaient sortis de nos sous-officiers; et, pour faire voir que des *émigrés, des soldats de Coblentz* n'étaient pas nos chefs préférés, je citerai encore mon régiment, dont le colonel, le lieutenant-colonel, et deux chefs des bataillons qui ont combattu à Paris avaient fait partie, en 1815, de l'armée de la Loire, toujours fidèles au drapeau !

Ainsi je ne devais ni à des faveurs, ni à des protections de cour mon grade d'ailleurs peu éminent; mes opinions librement professées étaient constitutionnelles, et tout entier à mon état dont je connaissais les devoirs, je cherchais à répandre le bienfait d'une instruction spéciale et nécessaire sur un certain nombre de sous-officiers et soldats confiés à cet effet aux soins de quelques-uns de mes camarades et aux miens. Cultivant les arts avec ardeur, je me trouvais lié avec une partie de la jeunesse parisienne, partageant ses travaux, ses utopies; soldat, je l'ai combattue ! Je crois donc pouvoir dire aujourd'hui ce que nous avons éprouvé au moment de la publication des ordonnances. En apprenant les sensations cruelles que tant d'accidens imprévus, que tant de fautes sans cesse renouvelées causaient en nous, on jugera combien peu sont fondés les reproches qu'on nous fait sur nos cruautés et notre fanatisme.

DIX JOURS
DE 1830,
OU
SOUVENIRS DE LA DERNIÈRE RÉVOLUTION.

CHAPITRE Ier.

Ordonnances du 25 juillet. — Leur effet au régiment. — Premiers désordres de Paris. — Départ de Saint-Denis. — Entrée dans Paris. — Mauvaises dispositions militaires. — Place Louis XV. — La Mairie, la Madeleine, le Carrousel. — Arrivée au quartier-général. — MM. Laffitte et Gérard.

Deux bataillons de mon régiment se trouvaient en garnison à Saint-Denis et un autre à Vincennes quand parurent les ordonnances de juillet. Le lundi 26, dans la journée, un officier qui revenait de Paris, nous apporta un numéro du *National* qui avait été imprimé après le *Moniteur*, et dans lequel étaient ces terribles ordonnances.

Elles furent accueillies parmi nous avec des démonstrations diverses, suivant les différentes nuances d'opinions qui pouvaient nous diviser, bien que nous fussions tous pénétrés de l'étendue de nos devoirs militaires, et prêts à les remplir; nous pensâmes que puisque le gouvernement s'était décidé à ce coup d'état, il était sûr de réussir; jusque là, beaucoup d'entre nous s'étaient flattés qu'il ne faudrait pas recourir à des moyens extrêmes, et que nous n'interviendrions pas dans une lutte où la force des baïonnettes devait promptement décider la question en faveur du pouvoir. Illusion trompeuse, mais qui pouvait bien exister alors!

L'annonce des premières agitations de la capitale vint nous tirer de l'état de calme ordinaire à notre garnison; cependant aucun ordre de marcher n'était parvenu au régiment où l'on s'occupait encore alors du projet d'une promenade militaire dans la vallée de Montmorency; notre musique renommée par sa perfection, devait s'y faire entendre aux habitans de ce charmant pays; il est aisé de voir par là combien peu notre troupe était préparée à une attaque.

En revenant de Paris à la garnison le mardi 27, j'aperçus les premiers symptômes d'une tourmente populaire. J'avais cru, en y allant, voir bientôt, ainsi qu'il avait été si souvent annoncé, l'inertie opposée à la force, les sentimens de la légalité à ceux de la violence, dans chaque membre enfin de l'opposition un nouvel Hampden s'immolant à son droit et à la justice de France : au contraire, dans l'exaltation générale, il y avait déja les chefs et les soldats d'une insurrection.

Dans la voiture publique qui me conduisait à Saint-Denis, un manufacturier disait hautement que son parti était pris, qu'il allait congédier ses ouvriers. Il revenait de Paris, probablement il devait avoir des imitateurs. Des masses nombreuses allaient inonder la ville. Je ne vis plus des citoyens refusant, à leurs risques et périls, de payer les impôts, mais des chefs de troupes leur donnant les moyens de troubler l'ordre en cessant de les intéresser à son maintien par le travail ; c'étaient là tous les élémens d'une émeute.

A Saint-Denis, les bruits les plus sinistres circulaient dans la ville. On annonçait l'arrivée des ouvriers du Hâvre et de Rouen, et ceux des campagnes voisines prenaient la route de Paris où ils allaient être témoins ou acteurs des scènes de la soirée ; plus tard, chaque voiture apportait des détails affligeans sur les désordres déja commis.

Ce même jour, à sept heures du soir, le premier ordre parvint au colonel du régiment de le tenir *prêt* à marcher ; le mercredi à la pointe du jour, le régiment étant allé au bain comme à son ordinaire, nous apprîmes d'une manière certaine comment on avait abattu et brisé partout les réverbères, comment déja les masses *manœuvraient*, comment on avait parcouru les rues en criant *vengeance*, *aux armes*. Paris était en pleine insurrection.

A neuf heures, le tambour nous appelle au drapeau, les deux bataillons sont réunis, à peine a-t-on le temps de faire manger aux soldats la soupe de dix heures ; quinze cartouches par giberne sont distribuées ; elles sont prises sur les munitions destinées au tir à la cible ; aucun caisson d'artillerie n'apporte de plus amples provisions pendant la distribution qui a lieu. Le colonel nous appelle au centre du régiment. « Messieurs, nous dit-il, nous allons à Paris, maintenez l'ordre dans vos compagnies, et si la Garde donne, j'espère que chacun fera son devoir. »

Ce peu de mots prononcés d'un ton profondément ému par un vieux soldat qui, pendant quinze ans, avait mené des Français à l'ennemi, produisit sur nous un effet pénible. L'Italie, l'Allemagne, l'Espagne, l'avaient vu à la tête de nos bataillons, sur les brèches et aux champs de bataille; son sang avait coulé sept fois pour arroser nos lauriers; et maintenant il allait voir s'anéantir le plus beau corps qu'il eût commandé! Les deux bataillons avaient à peu près chacun deux cent quatre-vingts hommes, ce qui faisait un effectif présent en sous-officiers et soldats de cinq cent soixante combattans. Ces détails qui peuvent paraître superflus, ne le sont pas, si l'on considère qu'il s'agit de rectifier toutes les erreurs de chiffres commises par nos adversaires, qui ont beaucoup exagéré le nombre des troupes engagées dans Paris. Les tambours avaient roulé, les drapeaux étaient présens, chacun de nous, quels que fussent d'ailleurs les sentimens qui pouvaient l'animer, se rappelait son serment *d'être fidèle au Roi, d'obéir aux chefs qui lui sont donnés, et de ne jamais abandonner son drapeau;* il ne voyait donc plus que l'accomplissement entier de ses devoirs.

Nous traversâmes Saint-Denis; partout déja les ouvriers y avaient quitté leurs ateliers. En sortant de la ville, des amis nous donnèrent de plus tristes détails. « On veut le désordre, nous dit-on; par-« tout le mot *royal* est effacé. Les fleurs de lis « tombent partout, les insignes de la royauté sont « insultés. » Tout ce que nous apprenions du caractère de l'insurrection qui se développait nous faisait penser avec douleur aux résultats de notre expédition. Sur la route de Saint-Denis aux Batignolles, que nous parcourûmes rapidement, le nombre des voitures de poste augmentait. C'étaient des Anglais dont le départ précipité inspirait l'étonnement ou excitait quelques plaisanteries dans nos rangs. Pendant une halte que nous fîmes à moitié route on chargea les armes, et nous fûmes rejoints par le général Saint-Hilaire, arrivant de sa campagne en habit bourgeois, et qui prit ensuite notre commandement aux Champs-Élysées.

Nous entrâmes par la barrière de Clichy, les drapeaux découverts. Rien ne nous annonçait de ce côté quel caractère nous aurions à déployer ; cependant l'inquiétude régnait partout. En passant dans un vaste enclos, situé entre la barrière de Clichy et celle de Monceaux, nous vîmes les élèves d'un pensionnat qui nous saluèrent d'un houra de *Vive la Charte !* Une femme, couverte de haillons, ivre de chaleur et de vin, était au pied de ce mur, tordant ses bras, broyant de la terre, et mêlant ses imprécations à ce cri. Ce spectacle dut singulièrement frapper tout le monde ; mais personne ne dit mot.

Jusqu'aux Champs-Élysées où nous devions nous

rendre, aucune démonstration hostile ne nous frappa. Les régimens de la Garde étaient ordinairement casernés dans les environs, à la Pépinière et à la rue Verte; chacun en passant dans ces quartiers saluait des personnes de connaissance, des amis : Bonjour, au revoir, entendait-on de toutes parts; c'était adieu qu'il fallait dire aussi...

Aux Champs-Élysées, nous trouvâmes un bataillon suisse et une batterie de la Garde en position. On forma les faisceaux, les rangs furent rompus et chacun put se reposer ou s'enquérir des évènemens de la veille et de la matinée.

Un officier de lanciers expédié par le général St.-Chamans, vint donner l'ordre au colonel d'envoyer un bataillon du régiment sur le boulevard pour s'y réunir à un bataillon du 1er de la Garde et à un escadron de lanciers; le général St.-Chamans prit le commandement de cette colonne augmentée de deux pièces de canon. Je dirai plus tard quelle route elle suivit. Le bataillon suisse s'éloigna avec deux autres pièces. Celui dont je faisais partie quitta les arbres des Champs-Élysées, et alla se placer à droite et à gauche du monument élevé à la mémoire de Louis XVI, flanqué de deux pièces et faisant face à l'Étoile. Nous détachâmes une compagnie de voltigeurs vers le Carrousel, et huit grenadiers de renfort au poste de la Légion-d'Honneur. Déja l'on nous morcelait.

Notre position semblait militaire au premier coup-d'œil, mais tandis que nous étions ainsi sur la place, la rue Saint-Honoré et le faubourg n'étaient point occupés, des groupes menaçans d'ouvriers, de gens mal vêtus se formaient en avant des planches environnant la Madeleine, et la rive gauche de la Seine eût été libre à l'attaque si l'on eût voulu la faire de ce côté.

A notre arrivée le bruit s'était répandu que la garde nationale avait été autorisée par le préfet de police à revêtir son uniforme pour maintenir l'ordre de concert avec la force armée; mais en même temps, l'on disait que des gardes nationaux avaient pris les armes contre les troupes. Rien n'était certain, et c'est à mon avis une des grandes fautes commises par le commandant supérieur, d'avoir laissé régner continuellement cette incertitude si antipathique au soldat français.

Rien ne nous étonna comme de voir dans Paris toute la circulation et la liberté d'une ville en état ordinaire; cependant on était en état de siège. Quelle inconséquence! Les voitures de Versailles passaient à côté de nous, au moment où peut-être nous allions être obligés de nous servir de nos armes. Des femmes poussées par je ne sais quelle rage de curiosité, dont Paris seul peut fournir des exemples, circulaient avec les habitans de ces quartiers; nous étions entourés de curieux ou d'ennemis!

Après quelque temps le bataillon se forma en colonne et entra dans le faubourg Saint-Honoré en passant par la rue des Champs-Elysées. Il fit halte au coin de cette rue. Le général Saint-Hilaire qui commandait dans ce quartier, me donna l'ordre de porter ma compagnie et une pièce contre la mairie du 1er arrondissement, occupée par un poste nombreux de garde nationale, et de lui faire mettre bas les armes. Les boutiques étaient fermées, mais les curieux occupaient toutes les fenêtres comme pour voir passer une troupe allant à la parade. Le factionnaire de la garde nationale nous crie *Qui vive?* France répondis-je, et nous étions sur lui avant qu'il eût eu le temps d'avertir le poste de venir nous reconnaître.

Quelle différence, pensais-je en m'avançant, si à la tête de mes grenadiers, l'ordre d'enlever une redoute nous eût été donné. *Vive le Roi! Vive la*

France! eût été notre cri, et la redoute eût été prise. Ici nous étions mornes, silencieux ; de braves soldats l'arme au bras, l'œil inquiet, mais attentifs, n'avaient pas proféré un seul mot, et nous allions peut-être engager un combat contre des Français! Enfin, après un entretien très animé avec le capitaine commandant ce poste, celui-ci consentit à sortir avec sa compagnie, car si ces messieurs s'étaient réunis pour maintenir l'ordre et protéger leurs propriétés, il était clair que nous y eussions veillé à leur place: mais que forcés de nous méfier de leur uniforme d'après ce qu'on nous avait dit, nous devions demander cette évacuation nécessaire à notre sûreté. Notre conduite, et les observations que nous venions de faire, décidèrent une partie des gardes nationaux qui s'étaient placés aux fenêtres des appartemens de la mairie à descendre. Le poste fut bientôt évacué, et chacun put se retirer librement, malgré l'ordre donné de conduire les personnes arrêtées à l'état-major de la place. Cette dernière circonstance prouve combien on se méprenait sur le caractère des troubles de Paris. Du moment que les postes isolés avaient été enlevés ou désarmés par le peuple, était-il nécessaire de s'attacher à quelques arrestations, et prudent de se morceler et se diviser comme on l'a fait?

De là, nous marchâmes sur la Madeleine, où une centaine d'hommes s'obstinaient à rétablir une barricade déja renversée plusieurs fois. Une demi compagnie commandée par F......, brave officier du régiment dont la constance et la tenacité les jours suivans ne sauraient être trop vantées, fut assaillie de coups de fusil, de pistolet, ou de pierres. F...... se précipita à la course contre ces ennemis, et les força à se sauver par les rues adjacentes à la Madeleine. Ma compagnie reçut ordre de pénétrer dans l'église, où un grand nombre d'ouvriers s'étaient réfugiés : ce fut l'affaire d'un instant, et malgré les barricades qui en défendaient les approches et l'entrée, les soldats eurent bientôt renversé tout cet amas de planches dont l'enceinte du monument était encombrée, et s'y établirent. D'autres soldats du détachement de F..... suivis de quelques gendarmes et soldats de la ligne d'un poste voisin, se joignirent à nous par d'autres entrées. Un inspecteur des travaux fit descendre les ouvriers des combles où ils s'étaient retirés.

Dans cette première affaire le sang avait coulé,

mais avions-nous attaqué? Les premiers coups n'avaient-ils pas été tirés contre nous?

Un homme avait été blessé à la porte du corps-de-garde; relevé par plusieurs ouvriers, il fut conduit à l'hospice Beaujon par les soins d'un jeune homme. Les soldats se dérangeaient dans la rue pour laisser passer ce triste convoi, respectant le malheur dont ils étaient la cause innocente. Est-ce ainsi que leur conduite a été dépeinte jusqu'ici?

Nous parcourûmes une partie du faubourg Saint-Honoré sans faire autre usage de nos armes. Les habitans n'avaient nullement pris une attitude hostile; les groupes qu'il fallait poursuivre et disperser, parce qu'ils nous attendaient aux coins des rues, étaient descendus d'un quartier connu sous le nom de Pologne. Ce sont ces mêmes *Polonais* qui contribuèrent, le lendemain, à la prise et au pillage des casernes de la Pépinière et de la rue Verte, situées près de leur demeure.

Dans ces courses qui fatiguaient les soldats, nous eûmes à regretter C......., officier du régiment, blessé à la cuisse d'un coup tiré à bout portant, et meurtri de contusions après sa chute. On parvint à l'enlever.

Vers quatre heures et demie, nous fûmes placés

en colonne dans la rue Royale. On s'y reposa de ses fatigues. Les soldats plaisantaient sur l'impatience des cuisiniers de Saint-Denis : ils auraient beau jeu, disaient-ils, à les attendre pour la soupe de cinq heures; pour eux, ils ne songeaient alors qu'à apaiser, à force d'eau, la soif ardente qui les dévorait.

A cinq heures et demie, trois escadrons de grenadiers à cheval et le 2e d'infanterie de la Garde, arrivant de Versailles, vinrent nous relever dans cette position. L'ordre de nous rendre au Carrousel nous fut donné; nous y arrivâmes par la rue de Rivoli, où tout était calme, et nous entrâmes sur la place par le guichet de l'Echelle. Là était le quartier-général; nous allions enfin savoir des nouvelles; du moins nous l'espérions.

Le bruit courut bientôt que MM. Laffitte et Gérard étaient venus proposer au maréchal de faire cesser toutes hostilités, moyennant certaines conditions. Le maréchal ne crut point devoir accepter. Il n'était que soldat, et ce ne fut point là son tort vis-à-vis de nous. Mais général, il aurait pu, par de meilleures dispositions, prévenir l'effusion inutile du sang, et surtout mieux préparer la journée du lendemain.

La présence du général Gérard, la proposition de M. Laffitte, nous firent croire que les masses agissantes avaient des chefs expérimentés. Dès-lors pouvait-on raisonnablement, avec peu de troupes qui ne pouvaient exercer les rigueurs de la guerre, pouvait-on ainsi s'engager dans les rues de la capitale, et ne devait-on pas, dès que la résistance fut caractérisée, se rappeler ce mot si connu du grand Condé blâmant à tout jamais *une guerre de pots de chambres*. Sans doute on ne voulait plus la faire pour le lendemain; mais si l'on avait reconnu combien le premier plan d'attaque était vicieux, il fallait aussi prendre les précautions nécessaires pour qu'on ne renouvelât pas contre nous un genre de combats dans lequel même un plus grand nombre de troupes ne pouvait obtenir un avantage décisif et propre à étouffer les germes déja si étendus de l'insurrection. Malheureusement rien ne fut fait pour réparer les fautes impardonnables de cette première journée.

Avant d'aller plus loin et de parler des évènemens du jeudi, qui eurent principalement pour théâtres le Louvre et les Tuileries, je dois dire ce que les rapports des divers officiers arrivant au quartier-général où nous étions, nous apprirent de l'insurrection devenue générale dans Paris, et de la marche de quelques-unes de nos colonnes à travers la capitale. Il sera alors plus facile d'apprécier le genre de lutte que nos faibles détachemens ont eu à soutenir contre ces adversaires que les relations de circonstance se sont plus à appeler nos vainqueurs, et de rétablir les faits dans toute leur vérité; on verra aussi quelle a été la conduite de ces troupes d'élite qui, au milieu des graves circonstances où elles se sont trouvées; car je le dis hautement, elles ont montré une modération et une patience dont le parti qui accuse la Garde devrait leur avoir su quelque gré.

CHAPITRE II.

Bruits et nouvelles du quartier-général. — La Porte-Saint-Denis. — Le faubourg Saint-Antoine. — Courses militaires. — Attaques du peuple mieux combinées. — Mauvaises lignes de défense. — Belle conduite de nos soldats. — Observations. — L'état-major général. — Les autorités.

Dans la soirée du 28, pendant que nos soldats campés sur la place du Carrousel étaient parvenus à se procurer quelques vivres dont ils avaient grand besoin, ayant été continuellement en mouvement depuis leur entrée dans Paris, je courus aux nouvelles. Il nous tardait d'avoir des détails sur les évènemens de la matinée, et de connaître le sort de nos camarades engagés dans les autres quartiers; car les coups de canon, la fusillade qui s'étaient fait entendre dans tant de directions, pendant la plus grande partie de la journée, ne nous laissaient aucun doute sur le vaste mouvement de l'insurrection parisienne et sur la lutte opiniâtre des combattans.

Dans le désordre qui déja régnait au quartier-général, et au milieu des rapports contradictoires qui arrivaient à chaque instant des différens points où les combats avaient été livrés, il était assez difficile de démêler la vérité.

Les rassemblemens qui s'étaient formés le matin dans les rues Saint-Victor, des Noyers et Saint-Jean-de-Beauvais avaient, disait-on, envahi la Caserne située dans cette dernière rue, et s'étaient emparés des armes et de quelques munitions qui s'y trouvaient; les Casernes des rues du Foin et de Tournon avaient été prises par d'autres masses sans que le peu de soldats laissés pour les défendre fussent en état de le faire. De la place de l'Estrapade où ils s'étaient réunis au nombre de trois à quatre mille, les insurgés de ces quartiers populeux s'étaient dirigés sur la Poudrière, boulevard de l'Hôpital, partout enlevant, partout désarmant les postes isolés qu'ils rencontraient. C'était un torrent que nul obstacle ne pouvait arrêter. A la Poudrière, les postes trop faibles avaient été forcés; la sentinelle placée à l'entrée avait eu le bras abattu, et les magasins à poudre étaient en leur pouvoir : bientôt des barils de poudre dirigés place Saint-Victor et de la place de l'Odéon, du Panthéon, au parvis Notre Dame, furent distribués au peuple de ces quartiers, qui se préparait au combat.

A la Grève, une foule d'ouvriers armés depuis la veille avaient formé des barricades, bien résolus de s'y défendre. A la place du Châtelet, on assurait que deux ecclésiastiques passant dans un fiacre, et revenant d'un convoi, avaient été assaillis par une troupe de gens du peuple, forcés de descendre, et foulés aux pieds. Des agens de la police subalterne, reconnus dans la foule, avaient été horriblement maltraités; l'un d'eux avait été pendu à une lanterne voisine de la place. A la Porte-Saint-Denis, dans les rue et faubourg Saint-Antoine mêmes dispositions, mêmes désordres, mêmes agitations. Le mouvement, comme on le voit, était général. Il fallait pour le comprimer d'autres moyens que ceux qu'on employa, d'autres mesures que celles qui furent prises; et les courses militaires exécutées pendant le cours de cette journée au milieu des quartiers dont toute la classe ouvrière avait pris les armes, ne pouvaient qu'exaspérer inutilement la population auprès de laquelle on ne négligeait d'ailleurs rien pour atteindre ce but.

J'ai dit qu'un bataillon de mon régiment avait reçu l'ordre de se porter sur le boulevard de la Madeleine pour s'y joindre au 2e bataillon du 1er de la Garde et à deux escadrons de Lanciers; cette colonne composée d'environ six cents hommes d'infanterie, cent cinquante lanciers et deux pièces d'artillerie, parcourut les boulevards jusqu'à la hauteur environ de la Porte-Saint-Denis. Le général Saint-Chamans la commandait. A une centaine de pas de la Porte, des coups de fusil furent tirés sur la tête de la colonne formée par les Lanciers : un adjudant-major de ce régiment fut blessé. Ainsi, là, comme partout, les premières provocations n'étaient point de notre côté. Le général fit tirer sur la Porte-Saint-Denis deux coups de canon, qui suffirent pour en déloger les hommes qui l'occupaient, et d'où ils tiraient sur la troupe. Une compagnie resta en observation en arrière sur le boulevard Bonne-Nouvelle, et le reste de la colonne passa devant la Porte-Saint-Denis. Une fusillade nourrie venant des rue et faubourg de ce nom, blessa quelques hommes ; cependant, à l'exception d'une barricade élevée à quelque distance du théâtre de la Porte Saint-Martin, défendue par une centaine d'ouvriers ou hommes du peuple, promptement enlevée par une compagnie de Voltigeurs, aucun obstacle n'arrêta la colonne jusqu'à la place de la Bastille : là, le 50e de ligne et un escadron de Cuirassiers se trouvaient en position. Des masses de peuple se faisaient voir dans différentes directions : suivant le lieutenant-colonel D.... du 50°, il était temps que la Garde leur arrivât, ils allaient être forcés par le peuple ; suivant le chef d'escadron des Cuirassiers, la Ligne ne voulait pas se battre et abandonnait. Le général Saint-Chamans arrêta sa colonne sur la place, et dirigea d'un côté sur la rue Saint-Antoine le 50° et un peloton de Cuirassiers qui devaient se porter à la Grève, et de l'autre, sur le faubourg Saint-Antoine, la plus grande partie de la colonne qu'il avait amenée avec lui de la Madeleine : le commandement en fut donné au colonel de notre régiment ; quelques compagnies restèrent sur la place de la Bastille, en observation.

Plusieurs barricades avaient été formées dans la rue du faubourg Saint-Antoine ; le peuple y paraissait en force. Le mouvement fut à peine commencé de ce côté que les troupes furent accueillies par des décharges de coups de fusil, partant d'un grand nombre de maisons ; cependant toutes les barricades furent enlevées : sur une d'elles un drapeau tricolore avait été arboré, le sergent Bonneton courut rapidement dessus, y monta seul, arracha le drapeau, en brisa le bâton sur ses genoux et franchit la barricade, malgré un feu très vif et une quantité de pavés et de meubles que l'on jetait sur les soldats qui le suivaient. Une vingtaine d'hommes furent blessés dans ces différentes attaques; un bien plus grand nombre aurait péri sans la précaution qu'avait prise notre brave colonel de mettre ses hommes sur deux rangs, chaque rang longeant les maisons; le rang de droite tirant aux fenêtres de gauche, et celui de gauche aux fenêtres de droite; ce moyen, dont on s'était servi si souvent pendant la guerre de l'indépendance en Espagne, réussit parfaitement, et empêcha nos adversaires de trop se découvrir et d'ajuster nos soldats; plusieurs des leurs furent atteints au moment où ils se montraient aux croisées pour tirer sur la troupe.

Depuis l'hôpital du faubourg Saint-Antoine où furent déposés les blessés qu'avait eus la Garde, jusqu'à la barrière du Trône, il n'y avait ni barricades à enlever, ni ennemis à combattre : ceux-ci avaient partout disparu ou s'étaient cachés, ne se souciant pas de se mesurer avec des troupes qui avaient montré autant de sang-froid que de rapidité dans leurs mouvemens. Après avoir été jusqu'au Rond-point en dedans de la barrière du

Trône, où les soldats tout haletans de soif et de chaleur, purent se reposer quelques instans, le général Saint-Chamans vint faire compliment au colonel sur la conduite de ses hommes et retourna vers la place de la Bastille. Bientôt, d'après ses ordres, le bataillon rétrograda jusqu'au corps-de-garde des pompiers, en face l'Hôpital; le général y était établi, et toute la colonne réunie redescendit jusque sur la place sans trouver d'autre empêchement à sa marche qu'une des barricades qu'elle avait enlevée en montant le faubourg, qu'on avait presque rétablie. Elle fut de nouveau détruite; mais quelques coups de fusils tirés et des pavés lancés sur les soldats, d'une maison, au rez-de-chaussée de laquelle était un grand magasin de meubles, les indignèrent : ils étaient furieux de voir qu'après en avoir usé avec tant de modération, on voulait encore les assassiner; ils enfoncèrent les portes du magasin et auraient tiré une vengeance éclatante de leurs assaillans, sans les représentations de leurs chefs.

Certes, si nous avions été aussi cruels qu'on a bien voulu nous dépeindre, là plus que partout ailleurs, il eût été facile, étant maîtres des rues où personne n'osait plus paraître, de monter dans ces maisons d'où l'on assaillait si lâchement les soldats et d'avoir prompte et bonne justice ; mais ces hommes étaient des Français, on ne les croyait qu'égarés, on les épargna. Avec les deux pièces d'artillerie qui accompagnaient la colonne, quel mal n'eût-on pas fait si elles eussent tiré à mitraille et de manière à enfoncer les maisons d'où partaient sur les troupes les décharges les plus meurtrières? Cependant on ne s'en servit que pour tirer de biais et à boulets. Tout le mal qu'on voulait faire était d'épouvanter, et les détonations qui faisaient casser les vitres produisirent l'effet que l'on en attendait ; car l'attaque vigoureuse du faubourg, d'ailleurs bien découvert dans tout son prolongement, eut bientôt fait disparaître les milliers de combattans que l'on avait cru y trouver.

Quand la colonne revint sur la place de la Bastille, les quinze cartouches par homme données en partant de Saint-Denis étaient épuisées. Le 1er de la Garde avait aussi fort avancé ses munitions. Il faut se rappeler que depuis onze heures et demie du matin jusqu'à près de cinq heures qu'il était alors, les troupes avaient été presque toujours engagées. En descendant la rue Saint-Antoine, le 1er régiment en tête dut enlever deux ou trois barricades au passage desquelles on était assailli de coups de fusils et de pavés. Dans cette rue, que le 50e de ligne, soutenu d'un escadron de cuirassiers, devait balayer, les soldats de ligne n'ayant pas voulu tirer, les Cuirassiers s'étaient trouvés engagés entre les fusillades du peuple aposté à tous les coins des petites rues qui débouchent dans la grande rue Saint-Antoine et avaient beaucoup souffert. Les tuiles, les pavés, les meubles étaient jetés sur eux du haut de plusieurs maisons, sans que l'infanterie de ligne voulût prendre leur défense. La colonne qui avait remonté le faubourg parvint à faire cesser de ce côté les attaques du peuple, et détruisit les barricades. Arrivée à la hauteur de l'église Saint-Gervais, le général fit faire halte pour attendre des ordres; mais comme les pièces n'avaient plus de munitions et que l'infanterie était sans cartouches, la colonne, ne pouvant être utile de ce côté, rebroussa chemin et revint à la Bastille, où étaient encore les compagnies du 50e. Celles-ci devaient occuper la place; mais le chef de bataillon qui les commandait dit que ses soldats ne voulaient pas se battre, et qu'il allait suivre la colonne de la Garde. Le général le laissa maître de le faire ou de ne pas le faire; et, après avoir passé la Seine au pont d'Austerlitz, ces troupes longèrent les Boulevards jusqu'à l'esplanade des Invalides, inquiétées de temps à autre par quelques coups de fusils tirés des encoignures des rues. Il était neuf heures du soir; on expédia à l'Ecole-Militaire pour avoir des cartouches. En attendant, le général Latour-Maubourg, gouverneur des Invalides, faisait donner huit pains par compagnie aux soldats tellement exténués de fatigue, qu'ils aimèrent mieux se jeter par terre sur leurs sacs pour s'y reposer de leurs courses que de profiter de ces faibles provisions. Après quelques momens de repos, la colonne, munie des cartouches rapportées de l'Ecole-Militaire et distribuées à raison de deux paquets par homme, revint à son point de départ du matin et bivouaqua le reste de la nuit dans les Champs-Elysées. Elle avait fait plusieurs lieues, presque toujours engagée, le sac sur le dos, sans vivres, dévorée de soif et par une chaleur de 26 degrés.

Par ce récit peut-être un peu long des combats soutenus à la Porte-Saint-Denis, dans les rue et faubourg Saint-Antoine, où les barricades offraient déja tant d'obstacles à la troupe, on peut juger de ce que la Garde avait souffert. Le bataillon du

1er régiment avait été plus maltraité que le nôtre, l'artillerie avait perdu quelques hommes et un cheval, mais tous les avantages que ce petit nombre de troupes avait pu remporter, ne servaient plus à rien, du moment qu'on ne pouvait continuer à occuper les points où l'on avait combattu. Et comment l'aurait-on pu, disséminés que nous étions sur tant de lignes différentes ; sans vivres, sans munitions, ayant à lutter contre un ennemi que souvent l'on ne voyait pas, qui harcelait par son feu partant des maisons, où les pavés des rues étaient aussi des armes si redoutables?

La Grève, le marché des Innocens, la place du Châtelet étaient envahis par des masses de gens armés ; du quartier-général on avait dû expédier contre ces points d'autres colonnes qui soutenaient des combats où la discipline et la tactique militaires franchissaient bien tous les obstacles opposés, mais qui n'avaient pas de résultats plus favorables. Pendant qu'une colonne composée d'un bataillon du 3e de la Garde tournait la position de la place du Châtelet, en longeant le quai de l'Horloge, et refoulait dans les rues voisines les masses populaires, une autre composée par moitié de troupes suisses et françaises se portait sur la Grève. Là, la lutte était plus vive et plus opiniâtre, il fallut employer plusieurs fois le canon; mais la place avait été occupée. Tandis que la Garde rejetait ainsi partout devant elle les ennemis qui venaient l'attaquer avec une hardiesse et un courage souvent dignes de figurer sur un plus noble théâtre, la Ligne gênait ses mouvemens : au marché des Innocens, des compagnies avaient tiré d'abord; mais sur les quais, au marché aux Fleurs, la neutralité qu'elle voulait, disait-on, garder dans d'aussi tristes circonstances, était bien fatale à notre arme : les rues qu'elle devait observer ne l'étaient point; des hommes du peuple traversaient ses rangs, s'embusquaient derrière les parapets, et tiraient fort à leur aise sur l'autre rive; bien des coups portaient. Dans la rue Saint-Antoine, l'attitude du 50e avait été également funeste aux escadrons de Cuirassiers.

Au milieu de tant de désordres, livrée presqu'à elle-même (chaque chef de colonne ne pouvant d'ailleurs exécuter les ordres supérieurs, mais obligé d'agir suivant les circonstances qui l'environnaient), la Garde toujours agissante et chargée de dissiper les rassemblemens de la capitale, ne faisait usage de ses armes qu'à la dernière extrémité.

Les vieux soldats dont les rangs de cette troupe d'élite s'enorgueillissaient, croyant reconnaître dans les adversaires qui leur étaient opposés des amis ou de vieux compagnons de leurs anciennes campagnes, exhortaient, priaient pour qu'on se retirât, pour qu'on ne les mît pas dans la dure nécessité de faire couler un sang précieux à la France; ils parlaient de la rigueur de l'obéissance militaire, et quelquefois ils parvenaient à persuader. Les soins donnés à leurs chefs, par ces braves soldats que nous étions si fiers de commander, sont au-dessus de tout éloge et ne sauraient être oubliés.

Le bataillon du 3e qui, du marché des Innocens, avait été forcé de remonter à travers les barricades la rue Saint-Denis, était commandé par le colonel Pleineselve, qui fut frappé d'un coup mortel. Relevé aussitôt par ses soldats et déposé sur un brancard qu'ils lui avaient dressé, il fut ainsi porté au milieu d'eux jusqu'à la barrière Saint-Denis. Cette colonne retrouva à la Porte-Saint-Denis, les compagnies de mon régiment qu'on y avait laissées le matin. Elles profitèrent de son passage pour opérer leur retraite sur le faubourg, sous un feu continuel que de tous côtés on dirigeait des fenêtres sur la troupe.

Telles avaient été les scènes déplorables de la

journée. L'inutilité des courses qui avaient été commandées par le maréchal, et l'aspect de plus en plus menaçant de la force populaire devant d'aussi faibles détachemens de troupes, forcèrent à évacuer de toutes parts; on ne songea donc plus, dans la nuit, qu'à concentrer les forces qui restaient disponibles.

On allait occuper une position défensive; mais sans examiner si dans une ville comme Paris, le Roi absent et connaissant le caractère particulier de cette insurrection, il était conforme à la tactique militaire de se borner à la défensive qui ne permettait pas de profiter d'un succès, à cause des barricades opposées, et exposait à être assiégé par des masses, tandis que l'on était privé des ressources de tous genres qui ne pouvaient venir du dehors, pourquoi au moins n'avoir pas complété ce système, et n'avoir pas opposé des barricades aux barricades? Ainsi la communication entre les deux rives de la Seine libre dans le haut de la ville, permettait aux assaillans de se réunir ou se diviser à volonté : à chaque instant le passage du pont Royal pouvait être menacé et exposé à une attaque de flanc, contre laquelle on n'était nullement préparé. Les tirailleurs placés dans les maisons auraient bientôt fait taire le feu des artilleurs à découvert, si l'on y eût porté une ou deux pièces. Une coupure faite sur le pont, un réduit établi en avant du pavillon de Flore, auraient procuré un flanquement à la terrasse du Bord-de-l'eau et à la grande galerie du Louvre. Le quartier-général était déja menacé.

Des coupures faites aux rues en avant des maisons occupées, auraient rendu facile la communication d'un poste à l'autre, et arrêté les efforts des assaillans. La cour des Tuileries, le château auraient dû être disposés pour la défense en cas de retraite des postes avancés. Rien ne fut fait. Les grilles sur le Carrousel n'étaient même pas confiées à des postes particuliers, et celle du milieu seulement donna passage le lendemain à toutes les troupes. Ce fut une cause première de désordre.

Nous aurions eu ainsi notre front d'attaque autour du château, échelonnés jusque dans les Champs-Elysées pour opérer la retraite : c'était, je crois, le plan du maréchal. Mais il a négligé les moyens nécessaires pour en assurer le succès. Les Casernes qui n'étaient pas encore toutes pillées auraient dû être complètement évacuées pendant la nuit, pour détruire ainsi les armes et les munitions que le peuple s'y procura. Au contraire, l'ordre fut envoyé aux Suisses de la rue de Babylone de tenir à toute extrémité. Les papiers les plus importans des ministères, le trésor, le gouvernement enfin, devait se concentrer dans le camp pour ne pas le laisser tomber au pouvoir de l'insurrection, si la journée du lendemain nécessitait une retraite : la nombreuse cavalerie de la Garde, inutile dans Paris, devait courir la campagne, empêcher les grandes communications par la poste, détruire les télégraphes : enfin du moment que la guerre était déclarée, il fallait savoir la faire, et ne pas ignorer ce que nous savions tous, l'apparition des chefs populaires, et apprécier la force d'une ville de huit cent mille habitans soulevés contre trois ou quatre mille combattans.

Je ne fais ici qu'indiquer quelques mesures rassurantes pour le moral de la troupe. Après une journée si fatigante où elle avait été sans cesse occupée à se faire jour, réunie enfin presque sur un même point, elle avait besoin de savoir comment et par qui elle serait réciproquement soutenue. En un mot, si l'on devait négocier le lendemain, il fallait nous mettre à même de dicter et non de recevoir des conditions; si l'on devait se battre, il fallait songer à notre sûreté autant qu'à celle des habitans ; et si l'on devait évacuer, préparer les moyens d'une retraite du Gouvernement et non d'un abandon de positions.

La nuit, au contraire, se passa pour les troupes du Carrousel dans la plus grande incertitude. Des postes, des portions de corps furent placés et déplacés; on avait envoyé relever le fort détachement du 1er de la Garde qui occupait le poste du Palais-Royal, par des compagnies de mon régiment. Les rues de Rohan, de l'Échelle, le coin de la rue Saint-Honoré reçurent ces petites garnisons destinées à défendre de ce côté l'approche du Carrousel. Le moral s'entamait déja. Tout en renouvelant les cartouches des gibernes les plus dégarnies, on avertissait de les ménager. On envoya des détachemens chez des boulangers, ce qui procura quelques centaines de rations pour les régimens où le besoin s'en faisait le plus sentir. Ces mesures n'étaient qu'un détail, l'ensemble manquait d'une forte direction, le soldat commençait à s'en apercevoir.

Dans les temps calmes, à l'état-major général nos tours de garde et mille petits détails étaient surveillés par de nombreux employés des divisions.

Cette nuit il n'y avait plus cette activité ; le maréchal, ses aides-de-camp ne dormaient pas ; mais combien de personnes étendues sur les canapés des salons de service ! Combien de ceux que nous étions habitués à voir figurer aux parades et aux revues ne s'y trouvaient pas ! On peut dormir la veille d'un combat, mais quand tout a été prévu, et ici tout était incertitude. Les bataillons des mêmes régimens étaient fractionnés, les brigades entremêlées, enfin l'ensemble qui fait notre force se détruisait, tandis que l'ensemble se formait dans le peuple. Le demi-succès de la veille avait encouragé les chefs du parti, ils commencèrent à signer des proclamations. L'insurrection se régularisait, c'était presque une victoire. N'aurait-on pas pu pendant la nuit faire quelques courses plus utiles que celles de la journée, chercher à communiquer avec les maires et les autorités municipales ? ces messieurs ont-ils été mandés ? s'ils ne sont pas venus, la preuve était évidente que la masse entière s'opposait à toute intervention. Ne l'ont-ils pas été, ce que je croirais, ç'a été une faute encore et un moyen négligé comme tant d'autres.

CHAPITRE III.

Matinée du 29. — Calomnies contre la Garde. — Emploi nul de l'artillerie. — Argent distribué. — Conseil des ministres. — Camps de Saint-Omer et de Lunéville. — Suspension d'armes. — Proclamation du maréchal. — Malentendu. — Mauvaises nouvelles. — Évacuation du Louvre. — Retraite.

Un bataillon du régiment avait, ainsi que je l'ai dit, occupé des maisons situées auprès du Palais-Royal, dans les rues de Rohan, de l'Echelle et Richelieu; un autre le Carrousel. J'invoque ici le témoignage des habitans des maisons occupées, et leur demande si ces soldats qu'on s'est plu à appeler de *farouches soldats*, ont, tant qu'ils y ont été seuls, commis aucun dégât, porté aucune atteinte à la propriété.

Vers cinq heures du matin, le 29, quelques coups de fusil se firent entendre. Chargé d'observer la communication du pont Royal, mon détachement fut aperçu par les éclaireurs placés sur l'autre rive. Leurs balles bien dirigées nous blessèrent plusieurs hommes. La fusillade s'engagea sur le pont des Arts et à la colonnade du Louvre. Les rues de Richelieu et Saint-Honoré ne tardèrent pas à être attaquées.

On accuse la Garde d'avoir blessé des femmes et des enfans. Mais j'en appelle aux gens de bonne foi, n'a-t-on pas vu des femmes, par curiosité, par entêtement, ou par patriotisme, puisque plus tard elles s'en sont vantées, se mêler aux combattans? Nos balles pouvaient-elles les épargner, et le hasard ne dirige-t-il pas les coups? Quant aux enfans, il en est une certaine classe qui se montra surtout redoutable, s'approchant presque sans être aperçus, et nous tirant des coups à bout portant. Le Motteux, officier du 1er, tomba à Chaillot victime d'un guerrier de douze ans! On nous a reproché des balles mâchées, de cuivre, ou cuivrées; cette assertion ridicule faite pour exciter le peuple, peut-elle être froidement soutenue par quiconque sait comment s'approvisionne la giberne du fantassin : et je le demande, de quel arsenal sont sorties ces cartouches? Aujourd'hui tout se découvre ; ce serait le sujet d'une utile dénonciation. Les Suisses surtout étant un objet de haine ont eu à repousser de semblables récriminations. Quant à moi, je ne dirai rien des armes de nos adversaires, de la gravité des blessures que nous avons reçues. Le peuple n'avait pas d'armes légales, tout en devenait dans ses mains : mais ces inculpations dirigées contre nous, prouvent que des gens habiles savaient, en faisant courir les bruits les plus absurdes, choisir les plus adaptés à la circonstance. Ainsi la ligne avait passé, disait-on, avant même que les combats ne fussent engagés ; tandis que la ligne a pris d'abord part à la répression des désordres ; puis a voulu rester spectatrice des combats, et n'a enfin passé en partie que le 29 à 10 heures du matin. La Garde française, disait-on, n'attendait que le moment de refuser son service, et toute la haine devait être réservée contre les Suisses étrangers, *satellites privilégiés parmi les privilégiés*. Voilà pourquoi l'on assaillit avec tant de fureur leur caserne de Babylone ; voilà pourquoi, à l'attaque des maisons de la rue de Rohan, de l'Échelle, place du Palais-Royal et autres, on fit courir le bruit que les Suisses y étaient, tandis que les compagnies du régiment et un détachement du 1er y ont combattu seuls. Braves Suisses, combien notre sort commun eût été différent, si des ordres opportuns n'avaient pas laissé pénétrer l'indécision, la crainte non pas du danger, mais de ses conséquences, et amené les funestes résultats de la journée qui vient de commencer !

Nos compagnies logées dans les maisons ripostaient modérément au feu qu'elles essuyaient. Bien placées individuellement, nullement inquiètes sur leur sort, leur conduite prouve ce que l'on eût fait ailleurs, si les dispositions eussent été assez bonnes pour inspirer plus de confiance de notre côté, et plus d'hésitation chez l'assaillant. Les Suisses occupaient le Louvre et ne le laissaient point approcher. Mais toutes ces défenses bonnes pour résister à l'attaque d'un moment auraient dû être flanquées ; faute de quoi, une surprise, le manque momentané de munitions sur un point, un ordre mal exécuté, mille causes enfin pouvaient faire perdre de telles positions.

La fusillade du pont des Arts et du corps de garde situé sur le quai Voltaire, augmentait sensiblement. Les attaques multipliées contre toutes nos positions prenaient déja un caractère plus régulier ; il nous fut facile de comprendre qu'elles étaient conduites et dirigées par des gens de l'art. Dans la rue de Richelieu, les barricades n'étaient plus faites seulement pour empêcher la circulation ; mais pour garantir du feu des pièces que l'on aurait pu faire jouer. On les rapprochait de plus en plus, et elles devenaient des espèces de tranchées d'attaque, ouvertes avec une promptitude étonnante.

Une pièce de 8 était à la rue de Rohan ; si dès le commencement de ce genre d'attaque elle eût été utilisée, plus tard nous n'aurions pas vu les masses des assaillans à quelques toises de nous. Les artilleurs sollicitèrent vainement plusieurs fois l'ordre de faire feu. J'ai toujours vu le maréchal s'y refuser. De même quelques boulets lancés sur le quai Voltaire, eussent délogé les tirailleurs dont le feu inquiétait notre poste d'observation. On le demanda et toujours inutilement. Sans doute, le maréchal voulait épargner de plus grands désastres ; mais en ne prenant jamais une mesure à propos, en voulant ménager les moyens extrêmes, on finit par être sa propre victime. La suite des évènemens nous le prouva.

Pendant la matinée, les réclamations des chefs de corps parvinrent de tous les points au quartier-général. Les soldats ne s'étaient, comme nous l'avons vu, procuré quelques vivres qu'aux dépens de leur modeste bourse. Les officiers avaient épuisé leurs ressources (1) ; on en était aux expédiens. On annonçait une distribution de viande, mais où et comment la faire cuire ?

Pour remédier à tout, pour assurer au moins la subsistance de la troupe pendant quelque temps, un mois et demi de solde fut alloué à chaque militaire présent, à titre de gratification.

Telle est l'origine de ce bruit devenu presque une certitude que de l'argent nous avait été distribué pour être les assassins du peuple ! La troupe était sous les armes depuis le mardi, et c'est le jeudi vers 9 heures du matin que cet ordre fut donné. La proximité du trésor rendit facile pour quelques corps le recouvrement d'une partie de la somme allouée : pour d'autres, il fut d'abord

---

(1) Etant moi-même dans ce cas, j'avais envoyé, le soir, chez moi, avec un mot au crayon, un enfant qui passait près de nous, pour qu'il me rapportât quelqu'argent : il s'acquitta de sa commission dans la nuit ; mais en s'éloignant, après l'avoir remplie, il fut accosté et interrogé sur l'objet de sa course, et dit qu'il avait apporté de l'argent à un officier. Depuis j'ai su que les interrogateurs avaient aussitôt répandu le bruit qu'on avait envoyé une somme de 300 francs en or à mon régiment ; et il s'agissait de 30 francs en petite monnaie envoyés à un simple officier.

ignoré ; et pour le plus grand nombre incomplet. Nos compagnies reçurent la moitié de leur quote part, et je suis sûr d'avoir été des plus favorisés.

A peine avions-nous reçu quelques sacs, nous les distribuâmes aux soldats. Aussitôt on courut dire que l'or et l'argent circulaient dans nos rangs. Mais personne ne disait que des bataillons entiers n'avaient rien pris depuis 36 heures, que d'autres avaient épuisé toutes leurs ressources pour acheter en courant les rues, quelques provisions, et que nous ne savions même pas si nous pourrions continuer à le faire. J'ai vu figurer cette mesure parmi les chefs d'accusation du ministère : d'après ce que j'en ai dit, était-ce une prodigalité faite dans le but de nous exciter au combat, ou bien le résultat de la position fâcheuse où nous étions ?

Pendant ce temps les ministres étaient dans les Tuileries en conseil. Ils y avaient décidé que les camps de Saint-Omer et Lunéville seraient mis en mouvement. Mesure tardive ! Un officier du régiment, L...... fut appelé. Il coupa ses moustaches, prit un habit bourgeois et partit en poste (1).

---

(1) L...... me donna depuis des détails curieux sur l'inertie et l'irrésolution qui environnaient les Ministres et sur le résul-

La fusillade prenait un caractère de plus en plus sérieux, et les masses assaillantes avaient de plus en plus de profondeur ; de notre côté aucune mesure énergique, on épuisait ses munitions, cependant personne n'hésitait. En vain quelques avis peut-être trop officieux nous étaient parvenus que la ligne avait posé les armes, que nous étions seuls à soutenir le Château.

Vers 10 heures, les fourriers des compagnies présentes furent appelés pour copier un ordre. C'était une proclamation du maréchal aux Parisiens. Elle nous fut communiquée, il ne s'agissait plus que de la répandre parmi le peuple, pour qu'il pût accepter ou refuser la suspension d'armes. En attendant, l'ordre est envoyé dans tous nos

---

tat de sa mission. Personne n'était prêt à partir, aucune calèche de voyage n'était disposée. Voilà pourquoi un sous-lieutenant et un officier d'état-major, connus de M. de ..., furent chargés de ces dépêches importantes. A son arrivée à Lille, L...... put à peine persuader au général ..... jadis si formidable pour les inférieurs, de prendre quelques mesures en faveur du Gouvernement ; tout le monde craignait de se compromettre, tant on avait pris des mesures pour se préparer à ces terribles journées ; tant l'imprévoyance et non la tyrannie avait tout dirigé !

postes de cesser le feu. Personne n'était là pour pénétrer parmi le peuple en armes; pouvait-on espérer que quelques voix calmeraient cette effrayante multitude? Une telle mesure aurait dû être prise au commencement de la journée, à dix heures et demie elle était presque impossible.

Cependant deux ou trois maires ou adjoints réunis au quartier-général ceignirent leurs écharpes. Des trompettes partirent avec eux, et bientôt le feu cessa sur la place du Palais-Royal et dans tout ce quartier. Mais au Louvre il continuait du côté du peuple; sans doute aucun parlementaire ne lui était parvenu, ou bien la suspension d'armes avait été violée par lui dès qu'il s'aperçut que les Suisses évacuaient les appartemens sur un ordre mal rendu du maréchal (1).

---

(1) Le maréchal Marmont, dans une lettre rendue publique à l'époque des évènemens, a accusé les Suisses d'une *terreur panique*. La lettre suivante de M. de Salis, insérée dans quelques journaux de la Confédération, prouvera jusqu'à l'évidence, que le mal est venu plutôt du désordre du commandement, là, comme à Saint-Cloud, à Versailles, à Rambouillet!

« A peu près à 9 heures du matin, le duc de Raguse « m'envoya l'ordre, par son aide-de-camp, d'abandonner les

Pendant ce temps des officiers en bourgeois affirment que sur la place Vendôme, la ligne a con-

---

« appartemens du Louvre ; ce que je fis aussitôt que possible.

« Sur ma représentation que le château pourrait être pris « facilement, et le bataillon qui se trouvait dans la cour at- « taqué, le duc de Raguse me fit répondre qu'il y avait une « trève et que je devais faire cesser le feu. Je fis alors emme- « ner les deux canons qui se trouvaient au Louvre. Je me « donnais toute la peine imaginable pour faire entendre aux « assaillans que la trève était conclue ; mais ils ne répondaient « que par des coups de carabine et se préparaient à attaquer. « Il est vrai que le Louvre est un poste imprenable aussi « long-temps qu'on veut le défendre, mais celui qui com- « mandait dans de pareilles circonstances, et qui aurait en- « trepris une chose semblable, se serait chargé d'une très « grande responsabilité en faisant répandre le sang inutile- « ment.

« Je donnai donc l'ordre de la retraite, et le bataillon « quitta la cour du château au pas ordinaire. M. le maréchal « doit se rappeler que je lui fis verbalement ce rapport sur « la place du Carrousel, où je le rencontrai à cheval, et « qu'alors j'étais si peu pressé que je fis conduire mes deux « chevaux en main par mon domestique. Un d'eux fut monté « par un officier de l'état-major du maréchal. Je suivais « moi-même, à pied, le dernier peloton.

« Je ne sais pas, et ce n'est pas à moi d'examiner ce qui a « pu occasioner la fuite précipitée de la place du Carrousel

fondu ses rangs avec les citoyens. Déja nous apercevons du Carrousel quelques compagnies suisses qui semblent évacuer le poste si important du Louvre. Bientôt le bataillon tout entier se met en mouvement et se retire vers le Carrousel. L'officier suisse qui le commandait cherche en vain à faire comprendre au peuple qu'une trève a été conclue. Nos soldats s'inquiètent de cette confusion dont ils s'aperçoivent. Les colonels présens se réunissent pour faire observer au maréchal que cette retraite va nous compromettre, que le peuple ne reconnaît pas la suspension d'armes, et que si l'on doit traiter, la Garde doit être à Saint-Cloud et en position.

Tous ces pourparlers, toutes ces démarches faisaient peine à voir, les compagnies suisses arrivent au Carrousel poursuivies par le feu de quelques tirailleurs. Aucun ordre n'est donné, aucune résolution prompte n'est prise. Les Lanciers passent sous le pavillon de l'horloge pour éviter quelques coups tirés des fenêtres de la grande galerie du

---

« et des Tuileries ; mais j'espère que M. le maréchal se rap-
« pellera que j'ai formé l'arrière-garde dans le meilleur
« ordre, avec un demi-bataillon de mon régiment et quel-
« ques détachemens de la Garde française, etc., etc. »

Musée, par les Parisiens qui s'y étaient introduits par le Louvre. La Gendarmerie les suit. Le bataillon Suisse vient augmenter le désordre, en voulant se rallier dans la cour des Tuileries. Nos compagnies suivirent le mouvement. Ainsi sur la gauche le feu avait cessé, chacun conservait sa position, tandis que le centre se retirait. Au coin de l'Arc de Triomphe, j'ai vu le maréchal au milieu de nous, s'efforçant, mais en vain de faire parvenir la suspension d'armes aux tirailleurs qui débouchaient du Louvre. Nous n'avions aucun officier municipal à leur envoyer. Un des tambours de notre régiment, entendant ce dont il s'agissait, prit son mouchoir blanc et courut en avant. Cette démarche était inutile. Il ne reçut que des coups de fusil. Etait-ce donc le moment de négocier? Il fallait alors un général; nous n'en avions plus. Ce moment fut décisif. Les petits postes détachés à droite et à gauche sur le Carrousel, voyant la retraite commencée, la suivirent précipitamment; l'artillerie se mêla parmi nous pour augmenter la bagarre.

Qu'on ne dise donc point que le Louvre et les Tuileries ont été pris d'assaut. J'ai dit comment les Suisses ont évacué le Louvre. Quant aux Tuileries, si tant de combats y avaient eu lieu, si toutes ces pièces que j'ai vues en batterie de notre côté(1), et sur des tableaux de circonstance du côté du peuple, avaient fait feu, les maisons de la place, les grilles du Château, lé Château lui-même en porteraient des marques; tandis qu'on n'y voit que quelques sillons de balles tirées en très petit nombre pendant le moment de l'évacuation. Du côté du jardin, on tira, je crois, un ou deux coups de canon de la terrasse du bord de l'eau, et les traces des balles sont des coups partis de l'édifice en construction sur le quai d'Orsay, d'où les Parisiens gênaient notre communication dans le jardin.

La masse qui s'était précipitée dans le Louvre suivit bientôt les plus avancés, sur le Carrousel ou dans la grande galerie, et pénétra tout entière dans

---

(1) Le peuple n'avait sur ce point aucune pièce d'artillerie; s'il en avait eu, nous nous en serions aperçus. Une pièce, abandonnée par nos artilleurs près de la rue de l'Echelle, n'a tiré qu'un seul coup, et s'est trouvée plus de dix minutes seule au milieu de la rue. Sur le Carrousel, il y avait quatre pièces de canon et deux sur la terrasse du bord de l'eau : si l'on eût fait feu, je le demande aux lecteurs de bonne foi, n'y eût-il pas eu de ce côté un bien plus grand nombre de victimes!

le Château. Les appartemens des princes furent pillés et dévastés, personne ne songea plus à nous poursuivre : une preuve évidente de ce fait, c'est que le sergent commandant le détachement de ma compagnie sous le guichet du pavillon de Flore, c'est que tous les officiers qui de la position qu'ils occupaient en arrière, soit près de la rue de Rohan, soit sur la place, étaient à portée d'apercevoir ce qui se passait, se replièrent sur la cour et nous rejoignirent sans perdre aucun des leurs. L'eussent-ils fait aisément si les cours et les jardins eussent été remplis d'une masse victorieuse? Oui, nous avons vu quelques intrépides venir jusque sur nos rangs, mais ils étaient en petit nombre, et quelques-uns payèrent bien cher leur courage irréfléchi (1).

Tel fut le moment décisif de l'évacuation du Château, évacuation faite sans ordre ; elle eût été pour nous une retraite terrible, si les assaillans avaient été ce qu'on les représente aujourd'hui. Les mauvaises dispositions l'avaient préparée, le

(1) J'ai surtout remarqué un habitant du faubourg, porteur d'un drapeau tricolore : il vint le placer près de celui du bataillon, porté par un de nos sergens-majors.

hasard la décida. C'est ainsi que l'on perd les batailles.

Le mot trahison est habituel en France dans de semblables circonstances; ainsi Waterloo est, dit-on, l'œuvre de la trahison. Mais j'en appelle au comte Gérard; si l'on eût marché au feu, une défection connue avant les hostilités, et individuelle, eût-elle paralysé les quarante mille hommes du maréchal Grouchy?

Parmi nous, chacun en se retirant disait : Le Maréchal a trahi; on l'a répété, on l'a écrit. Je ne le crois pas. Le maréchal, placé dans une position fâcheuse pour tout militaire chargé d'un pareil commandement, n'ayant pas su maîtriser la marche et l'action des troupes la veille, craignant aujourd'hui de faire répandre plus de sang, persuadé sans doute que des arrangemens devaient avoir lieu, avait manqué à ses devoirs envers nous, il avait négligé les précautions dont l'absence nous perdit par sa faute, j'ose le dire, mais non par sa trahison.

Il était environ midi quand nous quittâmes le Carrousel. En traversant les Tuileries, nous vîmes deux régimens de Ligne, le 50e et le 15e léger qui suivaient le mouvement. A chaque instant, des petits postes détachés nous rejoignaient, preuve que l'ennemi n'était ni en force, ni en mesure pour les arrêter. Mais toutes nos compagnies ne furent pas assez heureuses pour connaître notre retraite, et plusieurs n'en ayant nullement été averties, se virent tout à coup cernées dans les maisons où elles étaient, et réduites à consommer leurs dernières munitions pour leur défense et l'honneur de leurs armes. Courage inutile et malheureux, sacrifié par l'absence de tout ordre envoyé à propos!

Aucune disposition ne fut prise sur la place Louis XV; chaque bataillon suivit au hasard la route des Champs-Élysées ou du Cours-la-Reine. La Garde savait que Saint-Cloud était son point de ralliement, et chacun s'y rendit, soit en corps, soit isolément.

Mon bataillon s'arrêta dans le grand carré. M. C... notre chef, espérait recevoir quelque ordre; il n'en arriva aucun. Nous repartîmes pour suivre le mouvement par le Cours-la-Reine et le quai de Chaillot.

Les bataillons suisses, le 15e léger suivaient cette route en même temps que des détachemens du 1er de la Garde.

A Chaillot, des groupes de gens des faubourgs

nous assaillirent de coups de fusil. A plusieurs coins de rues nous reçûmes des balles à bout portant, et les soldats de la droite des pelotons furent obligés, pour leur défense personnelle, de faire feu sur ces éclaireurs incommodes. On ne parlait dans les rangs que de la suspension d'armes. On criait à la trahison, et aucun ordre n'était donné pour prendre position; quand des hauteurs de Chaillot une fusillade meurtrière fit tomber un assez grand nombre d'officiers et de soldats, on se contenta de crier qu'il y avait suspension d'armes.

A la barrière de Passy, le feu cessa; les habitans ne partageaient pas l'exaltation de l'intérieur de Paris; ils nous virent passer avec douleur. Les soldats harassés de fatigue, de soif, de chagrin, faisaient peine à voir. Des compagnies entières s'arrêtaient pour prendre de l'eau, et peu à peu se reformaient. On entendait tirer quelques coups en l'air; mais notre conduite si peu hostile empêcha tout excès de la part des partisans parisiens placés le long de la route. Personne n'inquiétait notre retraite. Les habitans de Chaillot pillaient la petite Caserne de l'avenue des Champs-Élysées. Les Tuileries, la Pépinière, la rue Verte occupaient une partie des combattans. Une masse considérable portait les derniers coups à une centaine de Suisses environ qui se défendaient héroïquement à Babylone, et des colonnes profondes se foulaient autour des rues de Rohan et de l'Échelle, où nos malheureux camarades étaient dans la plus cruelle position.

En route, nous rencontrâmes un détachement d'artillerie, un bataillon du 3ᵉ et les Suisses qui s'étaient fait jour à Babylone. Nous apprîmes que cette faible colonne venait de l'École-Militaire abandonnée au pillage.

Le 15ᵉ léger avait ses faisceaux formés dans le bois de Boulogne; de tous côtés on voyait rejoindre des soldats de la Garde, laissés d'abord en arrière.

Enfin nous arrivâmes à Saint-Cloud. Par cette même route, ordinairement, nous allions relever le service du château. Cette Garde si belle, si fière de son titre de grenadiers français, qui, sur un champ de bataille, aurait été si forte contre l'ennemi du Roi et de la France, allait se trouver presque toute réunie, pour voir ses principaux chefs l'abandonner; on allait la laisser se fondre autour du trône, et la semer sur la route jusqu'aux lieux où, sans avoir combattu, elle fut dissoute avant d'être licenciée.

CHAPITRE IV.

Combats particuliers des détachemens abandonnés. — Générosité. — Cruautés. — Composition des masses. — Cris proférés pendant le combat. — Le drapeau tricolore. — Les nouveaux amis du trône. — L'École Polytechnique. — Les volontaires. — Le pillage. — Nombre des victimes. — Invulnérabilité de quelques-unes.

Avant de parler de l'état dans lequel nous fûmes laissés pendant deux jours à Saint-Cloud, et de ce qui se passa jusqu'à Rambouillet et Chartres, je veux dire, en peu de mots, le sort de quelques-uns de nos braves camarades abandonnés dans les maisons environnant le haut du Palais-Royal.

Au moment où, après une courte suspension des hostilités, le feu avait recommencé, et quand l'évacuation du Château fut connue, les officiers du 1er de la Garde, occupant le Palais-Royal, purent se faire jour, par une sortie vigoureuse, et un grand nombre réussit à nous rejoindre à la hauteur des Champs-Élysées. Ceux des nôtres qui étaient ou dans la rue, ou aux premiers étages des maisons dont les portes étaient assez larges, parvinrent aussi à déboucher; plusieurs, moins heureux, tombèrent blessés. Le capitaine S. A... est de ce nombre. Le C.... reçoit une balle à la jambe. Je ne puis parler de ce dernier sans parler aussi de la générosité, non pas de ces masses tumultueuses dont on a tant vanté la modération, mais de quelques braves qui combattaient avec elles.

M. Le C... ., blessé grièvement à la jambe, tombe devant le corps-de-garde du Château-d'Eau; plusieurs soldats, en partie désarmés, y sont réunis; on le relève. La foule se précipite, demandant du sang et vengeance, quand un jeune homme, armé de son fusil, se fait jour au milieu des assaillans; il commande le respect dû au malheur, menace et obtient enfin passage pour notre camarade que les soldats, dépouillés de tout extérieur militaire, portent dans une maison du quartier. Là ce jeune héros reste pour veiller sur les jours qu'il a sauvés, console M. Le C..... des rigueurs de sa position qu'il comprend; lui offre tous les secours dont il peut manquer, et quand madame Le C....., avertie par ses soins, vient le rejoindre, lui-même dirige et assure le transport du blessé à son domicile.

Des traits de cette nature sont trop consolans pour ne pas être cités, et ils ont été répétés partout où les circonstances l'ont permis.

G..... de C..... défendait la maison qu'il occupait; enfin retranché au quatrième étage, n'ayant plus que trois cartouches par homme, il demande la vie sauve pour le peu de braves qui restent avec lui, ou menace de se porter aux dernières extrémités. *Mort à l'officier!* crie-t-on de toutes parts dans les escaliers et dans les chambres déja occupées. G..... ouvre la porte qui le séparait de ceux qui demandent son sang, il se précipite au milieu d'eux. Trop d'emportement dans leur fureur sauve ses jours. Il tombe; ce sang dont on avait soif inonde son visage. Deux Gardes nationaux, espérant le sauver, se chargent de le transporter, et le protègent contre les flots du peuple encombrant la rue; enfin ils parvinrent à le jeter rue Richelieu, où il fut accueilli et soigné par des dames. G..... profita d'une nuit de repos, et, le lendemain, traversant les barricades et les barrières à la faveur d'un costume bourgeois, arriva à notre bivouac à Saint-Cloud. Son visage était méconnaissable, mais son cœur nous le faisait bien reconnaître. On l'entoure, on le presse, on l'embrasse. Il nous dit comment il a combattu, comment il a échappé à la mort, comment l'humanité des Gardes nationaux le sauvait quand un pistolet fut placé contre sa tête pendant son pénible transport; le chien s'abattit, l'arme mal chargée ne partit point ! Voilà ce qu'il fallait entendre pour bien se convaincre que la portion éclairée des combattans, aussi brave que généreuse, savait respecter le malheur de notre position; mais en même temps, que la masse toujours la même, toujours aussi animée à la vue du sang, cette fois, comme toujours, ne connaissait pas plus le respect pour les vaincus que celui pour les lois, quand l'impunité est assurée.

C..... blessé allait être attaché à une corde; de braves jeunes gens et un ancien militaire le sauvent. M..... est recueilli dans une maison, et l'on y panse ses blessures. Ferrand, frappé à mort, doit quelques jours d'existence aux soins d'un jeune étudiant qui lui prodigue tous les secours et se charge d'exécuter ses dernières volontés. R.... forcé, à cinq heures, de rendre la maison qu'il occupait, n'eut d'autre moyen d'échapper à la rage de ceux qui le poursuivaient qu'en se cachant sous les toits. La nuit vint mettre un terme à sa cruelle position. Un coiffeur qui demeurait au rez-de-chaussée lui fournit les moyens de se sauver. Abandonnant son équipage militaire, il coupa ses moustaches, prit un tablier vert et une casquette, et disparut.

C........, B......, C....., un grand nombre de soldats, ayant épuisé toutes leurs cartouches, parviennent à s'évader ou à être cachés par les habitans des maisons ainsi occupées. Leur défense avait irrité les assaillans, ils voulaient leur mort : leurs hôtes les protégèrent. Mais, je le demande, nos camarades, nos soldats auraient-ils trouvé cette générosité dans ces maisons, si, pillards et assassins, ils y eussent commis tous les excès dont on a bien voulu les accuser ? Les maisons ont été en partie dévastées et pillées; il fallait en accuser quelqu'un. Les absens et les vaincus ont toujours tort. *Vœ victis !*

Oui, mille fois honneur à cette classe éclairée qui dirigea les masses : elle a montré courage et générosité. Nous l'avons vue d'assez près pour le dire. Mais cette population qu'aujourd'hui l'on encense d'autant plus qu'on la craint davantage, cette population qui menaçait Paris en 1815 et que la Garde nationale put seule contenir, celle qui avait été soulevée à l'époque des troubles de la rue Saint-Denis, et qui sera toujours au service de qui saura ou pourra l'employer; celle-là se montra encore cette fois ce qu'elle a toujours été, ardente, impétueuse, prenant sa force de son nombre, injuste dans ses haines comme dans son amour, avide de pillage et de vengeance.

A l'appui de ce que j'avance, je ne citerai que peu de traits dont l'authenticité est aujourd'hui bien reconnue.

Le capitaine Menuisier, ancien et brave militaire de mon régiment, le même qui, il y a deux ans, avait été jeté la nuit du pont de Neuilly dans la Seine, après avoir été volé, refuse de se rendre, et percé de mille coups, précipité d'un troisième étage, meurt foulé aux pieds, après trois heures d'agonie. La fureur populaire n'épargna pas plus nos soldats. Un deux, nommé Brandon, qui avait été blessé à la main droite, fut pris par la populace et reçut, après avoir été désarmé, un coup de broche qui le traversa de part en part, un coup de feu au bas-ventre et plusieurs coups de baïonnette. Je viens d'apprendre que ce soldat n'est pas mort de ses blessures; il a été placé dans la 4e compagnie des fusiliers sédentaires.

Le major Dufay, d'un des régimens suisses, blessé à mort à la sortie de la caserne de Babylone, reçoit encore sur la tête un coup de hache, sous lequel il succombe. Le G..., C... qui ont été témoins de cette scène de cruauté en frémirent d'horreur. A la barrière de Fontainebleau, le régiment des Chasseurs à cheval de la Garde cherchait à pénétrer dans Paris, une femme s'approche des soldats, et les provoque en les injuriant et en leur jetant des pierres. Un des chasseurs tire son sabre pour l'éloigner, mais le comte de la R...., son capitaine, lui ordonne de mépriser cette attaque; le soldat n'obéit qu'avec peine. Au même instant cette femme lâche un coup de pistolet à bout portant sur le malheureux cavalier, qui tombe mort. Ses camarades furieux se précipitent sur elle pour le venger, et sous ses vêtemens reconnaissent un homme.

En jetant un coup d'œil sur la composition des masses assaillantes, c'est ici, je crois, le moment de nous rappeler quels cris ont été proférés pendant le combat. Sans doute tous les groupes un peu nombreux, toutes les émeutes du mardi n'eurent que le cri de *Vive la Charte!* pour ralliement; mais le mercredi déja, et le jeudi des cris de *Vive la liberté! vive la république! vive Napoléon!* se trouvèrent mêlés aux autres. Ce dernier surtout s'adaptait mieux au combat, et la vue du drapeau tricolore pour l'habitant des faubourgs, jouissant de quelque souvenir, rappelle plutôt l'idée de l'empire que celle de la révolution. Pour lui, Napoléon est un système dont le drapeau tricolore est l'emblême. Il ignore son origine. Déja il a vu une lutte établie en 1815, entre le drapeau de Fontenoy et l'aigle d'Austerlitz, quand des mains habiles firent triompher celle-ci, ou plutôt *voler de clochers en clochers jusqu'aux tours de Notre-Dame.* Beaucoup d'anciens militaires, revoyant le drapeau aux trois couleurs, crièrent encore *Vive Napoléon!* par la raison que les vieux amis de la révolution criaient *Vive la liberté!*

Ce dernier parti avait pour lui la jeunesse; le cri de *Vive la Charte* prévalut, non pas, je crois, à la grande satisfaction de tous. Bien des gens qui avaient trempé dans tous les complots, toujours découverts, au cri de *Vive Napoléon II,* espéraient cette fois profiter mieux de la victoire.

Le parti des modérantistes, si j'ose l'appeler ainsi, ne prit point part au combat. Heureux de trouver le duc d'Orléans pour réaliser des idées de

légitimité si brusquement renversée, de pondération de pouvoirs, il s'empressa de le saluer du nom de Sauveur de la Patrie. Ses amis étaient là pour le présenter au peuple et le porter sur le pavois. Mais était-ce à Neuilly qu'on aurait dû l'aller chercher? La place de S. A. R. n'était-elle pas à Saint-Cloud, dès la journée du 27, comme prince du sang, comme pair de France, comme comblé des bontés de Charles X (1). ....
....
....
....
....
....

(1) Je dois ici relever une erreur commune à beaucoup de personnes qui, n'ayant point habité Paris, croient que Charles X tenait le duc d'Orléans éloigné de sa cour, ou que ce prince s'en éloignait. J'ai rarement monté une garde au Château sans avoir eu à rendre les honneurs à S. A. R. ou à des membres de sa famille. Tout le monde sait que le titre d'Altesse Royale que le Roi Louis XVIII n'avait jamais voulu accorder au duc d'Orléans, et auquel il semblait tenir, fut une des premières marques d'amitié de Charles X à son avènement. J'ai souvent vu M. le duc de Chartres avec la famille Royale, soit aux bals, soit aux spectacles, et toujours j'avais

....' ... .

... .

Laissons à l'histoire la tâche de pénétrer plus avant. Seulement je demanderai si les satellites de l'empire, si les banquiers de tous les rois déchus de la révolution, si les préfets les plus absolus, si les théoriciens auteurs des constitutions primitives et additionnelles, si tous ceux enfin qui ont encensé d'autres idoles que la liberté, peuvent aujourd'hui ne pas avoir un souvenir plus que bénévole de celui par qui ils furent grands, riches et puissans. Je demanderai si la nature des choses n'indique pas, dans la sympathie populaire manifestée à chaque représentation des pièces à la mode, l'image des sentimens de ceux qui n'osent applaudir tout haut. N'y a-t-il pas une énorme différence entre ce grand nombre et celui si restreint des partisans exclusifs de la liberté, qui n'ont jamais

---

cru remarquer la plus grande apparence de liaison entre les deux familles. J'étais au bal lors du passage du Roi de Naples à Paris, et je me rappelle combien les rigoristes blâmèrent Charles X pour avoir dérogé à l'étiquette en venant ce soir là chez le duc d'Orléans qui paraissait flatté de cette preuve de bienveillance. Je ne dirai pas si l'étiquette était ridicule, seulement elle fut violée en faveur de Mgr. le duc d'Orléans.

courbé la tête devant le *tyran* qui les appelait tribuns. N'y a-t-il pas une différence encore entre ceux-ci et la jeunesse libre des excès des deux époques, avide de gloire ou de liberté ?

Tous ces intérêts étaient représentés parmi les combattans; mais j'ai dit comment le renfort des ouvriers habilement congédiés avait grossi les rangs de la jeunesse et de certains habitans des faubourgs. Ceux-ci que les journaux ont porté aux nues forment la masse toujours redoutable pour l'ordre et la tranquillité publique. Il ont pris les armes pour corriger les abus, et n'ont pas corrigé leurs défauts. C'est ce qui arrivera toujours quand la morale politique sera prêchée à une masse assez peu éclairée pour ne pas reconnaître que des moyens de destruction sont tôt ou tard tournés contre elle-même, et assez corrompue pour regarder comme superstition ridicule et inutile la morale d'une religion quelle quelle soit, et craignant plus le code que sa conscience.

Loin de moi l'idée de confondre sous la même dénomination tous ceux qui ont pris les armes; le cours de mon récit prouve assez combien j'apprécie le courage et la générosité de plusieurs acteurs, mais je dois dire tout ce que nous avons vu de cette scène terrible, et ce qui est clair à quiconque a vu de Paris d'autres quartiers que la Chaussée-d'Antin. Les ouvriers des manufactures ont formé la masse; la jeunesse, quelques anciens militaires ont été les chefs. Mêlés dans la multitude, combattant avec elle, ils ont pu, par leur courage, par leurs conseils, prendre un ascendant moral facile à expliquer, pour obtenir la victoire. Peut-être cesserait-il bientôt si ce peuple, aujourd'hui plus gêné, moins occupé qu'avant les trois jours, demandait le prix du sang versé, des industries exposées, sur l'ordre si connu d'aller *demander du pain au Roi.*

S'il fallait ajouter une pleine croyance aux différentes relations populaires, l'École Polytechnique aurait pris une part active à l'insurrection parisienne, et ces *jeunes généraux de vingt ans*, puisque c'est ainsi qu'on s'est plu à les désigner alors, auraient puissamment contribué aux succès des trois journées. Il est très vrai qu'un certain nombre d'élèves a quitté l'enceinte d'une école ouverte aux plus dignes pour venir y chercher les élémens d'une haute instruction, et que sourds à la voix de leurs professeurs, ils ont été se mêler dans des rangs opposés à ceux dans lesquels par état un jour la plupart d'entre eux se destinaient à servir le Roi et la patrie : cet oubli de leur devoir et de leurs positions est-il donc si digne d'éloges? Mais la majorité de l'École est restée d'ailleurs étrangère aux désordres, et si des élèves se sont chargés de diriger contre nous les masses populaires dont ils ont réussi à calmer l'ardeur, souvent bien inconsidérée, ce nombre était fort restreint et pourrait aisément s'évaluer. Je n'examinerai pas, si en cédant aux suggestions du dehors, la minorité de l'École s'est laissée emporter par des sentimens de liberté et d'indépendance tout naturels à de jeunes têtes ardentes; ce qui me paraît certain, c'est que très peu d'élèves ont figuré parmi ceux qui combattaient contre nous.

Je ne parlerai pas d'un certain nombre de Volontaires qui, le jeudi matin, prirent leurs fusils de chasse, et leurs blouses de campagne pour venir tirailler comme ils seraient allés à une revue, à l'Opéra ou aux courses. Celui qui a étudié le caractère et les mœurs des Parisiens et de tous les peuples chez lesquels une révolution s'opère, peut se faire une idée des sentimens qui excitèrent, le jeudi matin, un grand nombre de *jeunes Patriotes*, à grossir les rangs de nos adversaires.

On a beaucoup vanté l'ordre et l'absence de tout pillage parmi les masses de combattans qui nous étaient opposés. Il est vrai que partout où la jeunesse, où les Gardes nationaux ont pénétré, ils ont pu prévenir de trop grands désordres; mais ils n'ont pu empêcher ni l'incendie de la plupart des barrières, ni celui de trois casernes, ni l'occupation ou le pillage de plusieurs autres où la moindre résistance avait eu lieu; les dévastations commises à l'archevêché, où une bibliothèque de vingt mille volumes a été complètement pillée; au Palais de justice, où les archives et les dossiers de tant de procès ont été jetés par les fenêtres, et de là dans la Seine; ils n'ont pu empêcher qu'on ouvrît les portes de la Conciergerie aux malfaiteurs nombreux qui s'y trouvaient, et portèrent pendant plusieurs jours l'effroi dans Paris; enfin, toutes les parties des Tuileries où cette même jeunesse, ces mêmes Gardes nationaux n'ont pu pénétrer, furent aussi pillées et dévastées; la rage de ces bandes s'exhala avec encore plus de force dans les appartemens d'une Princesse sans cesse occupée à répandre autour d'elle ou les aumônes, ou les bienfaits (1).

---

(1) On peut accuser l'ancien gouvernement de fautes; sa

Quant aux boutiques et aux maisons particulières, elles étaient des refuges, des lieux d'attaque; on n'y manifestait aucune opposition au peuple, il y trouvait à boire et à manger. Que serait-il arrivé à un propriétaire voulant tenir sa porte fermée et conserver seulement une stricte neutralité, quand on montait des pavés sur toutes les fenêtres?

On a beaucoup trop exagéré le nombre des nôtres qui ont succombé. A en croire les premiers rapports de tous ceux qui avaient *tué quatre ou cinq Suisses*, qui avaient *descendu cinq ou six Royaux*, nous aurions tous perdu la vie, même les absens, et la Garde entière n'aurait pu fournir assez de victimes; tandis que l'état des entrées à l'hôpital du Gros-Caillou, porte à deux cent quarante-trois le nombre des soldats de ce corps qui y furent trans-

chute en est une immense. Quant au caractère personnel des membres de la famille Royale et surtout à leur excessive charité, je ne puis voir sans regret comment ces bienfaits ont été si tôt oubliés. Je n'ai jamais rien demandé; jamais, quoiqu'officier de la Garde, je n'ai été aux présentations au Château; mais j'ai trop vu demander et obtenir pour des malheureux, pour n'être pas indigné de voir l'ingratitude être le prix de tant de générosité.

portés ; évaluant à environ deux cents les blessés portés dans différens hôpitaux ou dans des maisons particulières, et ajoutant environ cent morts sur la place, nous aurons une perte de six cents hommes hors de combat (1). Ce nombre est trop considérable sans doute, mais non si l'on se rappelle tout ce qui a été dit et écrit sur les massacres dont nous avions été les exécuteurs ou les victimes. Quant au peuple de Paris, les rapports ministériels qui ont été lus à la Chambre des Députés, et auxquels je renvoie les lecteurs, prouvent que le nombre des braves *massacrés* par nous, a été beaucoup moins considérable que ne le portent les relations exagérées des feuilles publiques.

Ici, je dois encore faire une observation, non pas pour relever le caractère particulier des officiers, mais seulement dans l'intérêt de la vérité. Nos chefs de corps blessés ou tués, un grand

(1) Le 6e régiment de la Garde un de ceux qui ont le plus souffert dans les journées des 27, 28 et 29 juillet, compte deux officiers tués et sept blessés, trente-un sous-officiers ou soldats tués ou présumés tels, et quatre-vingts blessés environ.

nombre d'officiers enfin partageant le sort des soldats, prouvent notre présence, tandis que parmi une certaine classe qui dit aujourd'hui : *Nous avons combattu*, personne ne peut montrer les marques sanglantes de sa gloire. Qui n'aurait cru en entrant à une séance de la Chambre, voir une partie de ces messieurs le bras en écharpe, la tête en bandeau, ou soutenus sur des béquilles? Mais non, ils ont su profiter de la victoire, et tout candidat est aujourd'hui combattant des trois journées! Ils ont lancé des masses non encore calmées : qu'en résultera-t-il? je l'ignore. Toujours est-il que si les balles populaires, plus particulièrement dirigées contre nous, ont pu nous atteindre, je ne sais pourquoi les nôtres, causes de tant de désastres, ont épargné ces braves si habiles et soi-disant si terribles dans le combat. Leur absence seule peut expliquer cette question.

CHAPITRE V.

Séjour à Saint-Cloud. — État moral et numérique des troupes. — Hésitation ; nullité du commandement. — Mauvaises positions. — Désordre et manque de distributions. — Le Dauphin, MADAME. — Le duc de Bordeaux. — Le duc de Bellune. — Départ du Roi. — Projet de défense. — Trahison d'un capitaine. — Pont de Sèvres. — Le Château est abandonné. — Arrivée à Versailles. — Bivouac. — Trianon. — Retraite sur Rambouillet. — Journée de Trappes. — Au Peray. — Les Embaucheurs. — De la Rochejacquelein.

Après l'évacuation de la Capitale, les troupes royales vinrent occuper les positions de Saint-Cloud. Elles se composaient de cinq régimens d'infanterie de la Garde et de deux régimens de Ligne. Nous fûmes rejoints, le 30, par le 4e de la Garde revenant de la Normandie, où il avait été envoyé pour poursuivre les incendiaires : trois régimens de Cavalerie légère de la Garde, dont deux avaient bien perdu quelques hommes dans Paris, mais qui étaient des corps plutôt fatigués qu'entamés, se trouvaient aussi à Saint-Cloud, et trois régimens de grosse cavalerie étaient à

Versailles. La brigade des Cuirassiers était à peu près complète, à l'exception des dépôts et de quelques blessés ou tués ; ce nombre n'est pas aussi considérable que pourraient le faire croire les casques et les cuirasses dont se paraient les Parisiens : ces trophées, comme les habits de Lanciers, furent au moins autant les dépouilles des casernes que celles des combattans abandonnés sur la place.

Six batteries complètes de la Garde, et un parc de réserve composaient l'artillerie de cette petite armée, qui comptait en outre quinze cents hommes de cavalerie de la Maison du Roi et de la Gendarmerie, et environ quinze cents hommes d'infanterie composée de la Gendarmerie à pied et des Cent-Suisses.

Nous avions avec nous le bataillon de l'Ecole-Militaire de Saint-Cyr avec sa batterie de campagne. Le total de ces forces montait donc à plus de dix mille hommes d'infanterie et quatre mille chevaux, sans l'artillerie. On avait la certitude d'être rejoints le lendemain par dix-huit cents Suisses, venant d'Orléans ; sous peu, par le régiment des Hussards de la Garde, et un régiment de Grenadiers à cheval, environ huit cents chevaux : enfin, des ordres donnés à propos nous eussent assuré l'arrivée du 5e d'infanterie. L'armée forte de plus de quinze mille hommes pouvant en deux ou trois jours être portée à vingt-deux ou vingt-trois mille, était encore une force imposante dans la main d'un chef qui eût relevé d'abord le moral du soldat. Mais il fallait s'éloigner de la Capitale déclarée en état de siège, et contre laquelle on ne pouvait se résoudre à prendre les mesures propres à assurer le succès des attaques contre les grandes villes.

Au lieu de cette énergie, de cette vigueur, à Saint-Cloud encore nous ne vîmes que mollesse et incertitude. On ne savait qui commandait. La ville n'avait pas été disposée à nous recevoir et fournissait à peine le pain nécessaire aux distributions. Les soldats sans ustensiles de campement au bivouac, se répandaient dans les maisons pour s'y nourrir à leurs frais. On put alors apprécier la sagesse de la mesure qui avait fait donner de l'argent à la troupe. Sans cela elle eût été obligée de se débander et de piller pour vivre. Quelques régimens n'avaient point pris part à la première distribution; pour remédier au mal l'on se hâta, sur les fonds de la liste civile, de donner un nouvel à-compte aux hommes présens aux drapeaux.

Combien nous nous aperçûmes alors de l'inutilité de tant de grades, et de fonctionnaires qui certainement n'avaient pas été tués dans Paris, mais qui manquaient parmi nous ! Où donc étaient alors ces contrôleurs si redoutables de l'administration? Ici ils eussent pu faire preuve de talent en découvrant des ressources; cependant personne n'y était.

Je fus chargé de porter au major-général un papier relatif à mon régiment. Je traversai les cours, il y avait encore quelques amis des temps heureux. Le désordre de ma tenue semblait les étonner. Je fus surpris de la précision de la leur.

Mais si l'incertitude du Gouvernement royal était visible pour nous, elle était terrible pour les corps occupant les ponts de Sèvres, de Neuilly et d'Asnières. Partout les habitans de Paris venaient chercher nos soldats de leur connaissance. Les proclamations du Gouvernement provisoire, les journaux étaient répandus à profusion. Ici, on nous engageait à nous rendre au camp de Vaugirard ; et le général Pajol signait cette proclamation, affirmant sur l'honneur que nos droits seraient respectés. Là, c'était la Municipalité de Paris qui nous rendait responsables des malheurs causés par nos armes. Enfin, si d'un côté rien n'était négligé pour relâcher le moral des troupes que l'on craignait, d'un autre, rien ne se faisait pour le relever, après une retraite que les corps qui avaient souffert, auraient brûlé de venger.

M. le Dauphin passa devant les troupes aux environs du Château; c'était la première fois depuis ces tristes évènémens que le Prince se montrait à elles. Tous ceux qui parmi nous connaissaient, et les opinions personnelles de l'héritier du trône, et ce courage calme dont il avait donné tant de preuves au milieu des dangers, dans le Midi en 1815, et en Espagne en 1823, regrettaient qu'il ne fût pas venu la veille à Paris : on était persuadé que son esprit conciliateur eût pu éviter les malheurs de cette journée déplorable; sans doute on se flattait; car il n'était déja plus possible d'arrêter le torrent, mais quelle confiance n'eût pas inspirée la présence du Dauphin à nos soldats! Ils auraient été heureux de verser leur sang pour sa défense. Nous ignorions alors que le Prince avait trois fois sollicité vainement du Roi la permission de se rendre dans la capitale ; que trois fois ses chevaux de selle amenés dans la cour du Château, à Saint-Cloud, avaient été renvoyés. Par quels fatals conseils Charles X a-t-il pu refuser de se rendre aux prières de son fils? Quoi qu'il en soit, cet excès de soumission filiale dans un Prince dont on n'a jamais mis en doute les vertus privées et la bravoure, peut seul expliquer sa conduite dans ces pénibles circonstances.

MADAME, duchesse de Berry, nous envoya quelques rafraîchissemens. Mais que ne la laissa-t-on libre de déployer son glorieux caractère, elle, que sa bienfaisance, son amour pour les arts, sa véritable popularité ont su mettre à l'abri même dans les premiers momens, des grossières insultes lâchement prodiguées à sa famille (1)? Pourquoi,

(1) M. de Laurencel, chargé de la direction des beaux-arts de MADAME, m'a souvent donné une foule de détails qui expliquent comment parmi tant de crayons qui se sont prostitués pour outrager le malheur, il s'en est trouvé si peu pour l'insulter personnellement. Pas un artiste ne pouvait dire lui avoir présenté inutilement ses ouvrages ; et les plus habiles et les plus à la mode n'étaient point ceux qu'elle préférait exclusivement. On peut s'en assurer en parcourant sa galerie. MADAME, dans ses voyages, a été vue de trop près par une grande partie de

nouvelle Marie-Thérèse, ne put-elle pas conduire au milieu de nous l'héritier du nom de Henri? Ordinairement confié à notre garde, souvent il avait partagé les jeux de nos soldats (1) : sa présence

---

la France pour que j'aie besoin d'en parler davantage. Quant à ses intentions généreuses à Saint-Cloud, quelques personnes qui l'ont vue m'ont assuré que, jugeant parfaitement la position dans laquelle on allait se trouver, il n'a pas tenu à elle que des mesures ne fussent prises à temps, non-seulement pour empêcher la démoralisation de l'armée, mais encore en courant peut-être des risques personnels, propres aussi à conserver la couronne à son fils et un principe d'ordre à la France.

(1) On a beaucoup parlé de l'éducation du jeune duc de Bordeaux : je ne sais quelles étaient ses occupations sérieuses; quant à ses jeux et ses exercices, je ne crois pas que ceux d'aucun enfant en France fussent mieux dirigés. Etant un jour de garde à Saint-Cloud, j'ai assisté à sa gymnastique : son adresse et sa hardiesse me frappèrent au point que j'en blâmais intérieurement l'excès. Je l'ai vu aussi se livrer, avec de jeunes enfans de son âge, à des simulacres de scènes militaires. La présence d'un uniforme de troupe lui faisait plaisir, et il se livrait avec plus d'ardeur à ses jeux de caserne devant un habitué de casernes.

Les compagnies de Voltigeurs montant la garde au poste de [illegible] recevaient presque tous les soirs [illegible]

eût été un lien de plus pour eux, et il en fallait de cœur alors, pour resserrer ceux de la discipline et de l'attachement au drapeau que l'on cherchait à affaiblir, que les parens, les amis de Paris venaient ébranler, et que tant de causes physiques et morales allaient enfin faire céder. Oui, j'ose le dire, nos soldats représentés si souvent comme recevant avec peine nos ordres, et n'obéissant qu'avec répugnance, n'ont eu pour leurs officiers dans ces derniers momens que respect et attachement. Pour beaucoup la présence de leurs chefs, leurs véritables compagnons d'armes, était le seul motif qui les retenait encore au drapeau et au devoir : les a-t-on vus, lorsque ébranlés de toutes parts ils ont cédé aux sollicitations qui les entraînaient, les a-t on vus aller remplir les tentes du camp de Vaugirard? Les a-t-on vus lors du licenciement demander en grand nombre du service? Les avait-on vus abandonner leurs officiers

---

Prince. Souvent il jouait aux boules avec les soldats ; d'autres fois il commandait l'exercice : ce qui leur plaisait beaucoup. Et ils sont encore trop nombreux pour que ce fait ne soit pas attesté par tous ceux qui faisaient partie de ces compagnies, n'importe où ils se trouvent.

au moment du danger? Non, mais leur conduite brave et énergique comme militaires a dû faiblir quand on ne combattit plus, et que l'on ne fit rien pour ranimer cet élan qui faisait leur force. Si, dans ces fatales circonstances un grand nombre a pu déserter, ce n'était que pour retourner dans leurs foyers. Ils ont quitté leurs drapeaux, mais non pour aller se ranger sous celui qu'ils avaient repoussé jusqu'alors; et les maires des communes situées sur la route que nous avons parcourue, et les feuilles qui leur ont été délivrées pour venir nous rejoindre lors du licenciment en fournissent des preuves à qui voudra s'en enquérir.

Je ne dirai pas tous les bruits contradictoires qui circulèrent pendant la journée du 30, sur la formation d'un nouveau ministère, sur l'abdication du Roi, sur l'acceptation de toutes les conditions proposées. Ils avaient le grand inconvénient d'être aussitôt démentis qu'accrédités, et augmentaient ainsi le malaise produit par l'absence de toute disposition militaire. Où donc étaient alors les quatre maréchaux, qui pendant quinze ans avaient joui du titre et *des avantages* de majors-généraux de la Garde? Où étaient, et que faisaient nos généraux de division et leurs nombreux états-majors? Ils n'étaient pas au bivouac, à l'exception de quelques-uns dont la conduite individuelle, brave et loyale, ne pouvait suppléer au manque d'une impulsion supérieure. Sans doute, déja deux de nos maréchaux se préparaient à porter les insignes du nouveau roi; celui qui avait si malheureusement commandé à Paris, était accusé de trahison, et le brave duc de Bellune, notre ancien ministre de la guerre, le vainqueur de Medelin, après avoir offert deux fois ses services à Saint-Cloud et à Versailles, refusés par je ne sais quelle aveugle fatalité, se vit réduit à déplorer le sort et la perte d'une armée d'élite, à l'éclat et au choix de laquelle il n'avait pas peu contribué.

Ce même jour, 30 juillet, nous vîmes revenir des soldats isolés; nous les avions crus perdus dans Paris. Ils nous rejoignaient les uns en blouse, les autres en bourgeois. On était encore loin de la désertion! Quelques-uns prirent des habits militaires à leurs camarades; d'autres voyant notre état de démoralisation, profitèrent de la circonstance pour dire un triste adieu à leurs amis. Mais s'ils eussent trouvé les bataillons sous les armes, la cour dans le camp; si un appareil militaire les eût frappés à leur retour, je le demande, glorieux d'une action faite par sentiment d'honneur, et dont on ne sut pas profiter, n'auraient-ils pas été se grouper tous autour de ce drapeau qui les rappelait? Cet enthoûsiasme militaire, cet attachement à son corps, qui a fait la force des vieilles bandes de l'Empire, que l'on a tant négligé, et dont la perte doit faire déplorer la décadence momentanée de l'esprit militaire en France, s'affaiblissait de plus en plus. Voilà pourquoi le 50me de ligne, dans ses positions au-dessus de Sèvres, abandonne ses rangs et son drapeau. Le colonel et quelques officiers vinrent le déposer entre les mains du Roi. Il refusa, dit-on, de le recevoir. On a vu depuis le 50e faisant le service de Paris, on louait beaucoup sa conduite; mais n'eût-il pas mieux valu refuser ses services d'abord, ou ne pas nous abandonner plus tard! Quoi qu'il en soit, il me semble qu'avec de bonnes positions facilement appréciées par tout le monde, la régularisation du service, la présence d'un chef autre que celui auquel on attribuait nos malheurs, et l'enthousiasme réveillé dans tant de jeunes cœurs, on eût empêché toute espèce de désertion, d'après ce que j'ai vu du caractère de celle qui nous affligea bientôt; et si, au moins, la Garde livrée à elle-même, n'eût pu conserver un trône qu'elle avait juré de défendre, elle n'eût point subi la honte d'un morcellement insidieux et d'un licenciement dans lequel tous les droits sont violés.

Notre colonel avait perdu son cheval le mercredi dans Paris; le jeudi dans Chaillot, il fut sur le point d'être pris; il y passa la nuit, et le lendemain vint nous rejoindre à Saint-Cloud à la faveur d'un déguisement. Sa vue fit plaisir aux soldats. Il était fait pour inspirer de la confiance. Mais que peut un chef isolé? Il régularisa notre bataillon composé des débris des deux qui étaient entrés dans la Capitale. Aucun évènement ne signala la fin de la journée; vers six heures, le bruit courut que la ligne allait nous attaquer : c'était une fausse alerte causée par le départ du 50e. Quelque temps auparavant, on avait lu un ordre du jour annonçant une pacification complète. Cet ordre était signé *Marmont*. Il avait été conçu afin de rassurer les troupes, et fut démenti quelques momens après sa lecture. Etrange conduite d'hommes qui ne nous connaissaient pas, et nous décourageaient à qui mieux mieux!

La nuit semblait devoir être tranquille. On n'avait fait aucune palissade ni aucun épaulement pour couvrir notre bataillon; enfin, après maints déplacemens, on nous fit faire halte sous le restaurant de Legriel, à l'entrée du Parc : l'artillerie était à notre droite et en dehors de la grille sur la place ; quatre pièces battaient les avenues du pont. Notre compagnie de voltigeurs, fort nombreuse, était depuis la veille à l'entrée du village de Boulogne. La présence de ses officiers, braves et pleins de dévoûment, des ordres opportuns bien donnés par le général T...., commandant supérieur de ces avant-postes, avaient pleinement satisfait les soldats. Pas un ne déserta, malgré tant de facilités pour cela. L'attente du lendemain et des évènemens nous tenait éveillés ; les officiers se promenaient ou allaient en quête des nouvelles. Un général en bourgeois (M. de Q...), avec des épaulettes sur ce costume peu militaire, d'ailleurs fort peu agréable à nos soldats qui le reconnaissaient, se promenait au milieu de nous.... . . . .

... Vers une heure, un grand bruit se fit entendre au Château : nous sûmes que le Roi allait partir pour Versailles ; la retraite était décidée. Le mouvement fut général. Nous étions au point du jour sur le chemin de Ville-d'Avray ; mais un contre-ordre nous ramena au pont de Saint-Cloud, et de là nous retournâmes, en passant par la

Grande avenue, dans l'allée qui, du fer-à-cheval, conduit à la lanterne de Diogène. Le 1er régiment occupait la place de Saint-Cloud et la Grande avenue. Une batterie restait en position. Deux bataillons du 3e et les Suisses couvraient Sèvres, avec les Lanciers et une batterie. Ces forces étaient plus que suffisantes; cependant si le Gouvernement s'éloignait, quel était le but de ce mouvement rétrograde? Pourquoi laisser une partie des troupes ainsi exposées à toutes les séductions de la ville, et ne devait-on pas prévoir ce qui allait se passer, c'est-à-dire la démoralisation des corps mis en contact avec les bourgeois ?

Tandis que notre bataillon allumait ses feux, le 1er de la Garde et l'artillerie venaient prendre part à une distribution faite au Château. Les débris de la cuisine royale furent abandonnés aux soldats. La gaîté renaissait parmi ceux qui pouvaient en profiter, pendant que les troupes de Sèvres séparées de nous, se laissaient entamer par la défection. Nos soldats attendaient avec impatience une attaque; ceux-là avec inquiétude. Bientôt, en effet, on annonce qu'un grand nombre d'éclaireurs paraissent dans la plaine, et que des groupes nombreux se présentent en avant des villages de Boulogne et du Point-du-Jour : ce sont les Parisiens, nous dit-on. On prend les armes, les rangs sont formés, chacun se prépare au combat. Pour m'assurer de la vérité, je montai au Château, et je pénétrai dans les appartemens : ils étaient déserts. Où donc étaient déja ces nombreux visiteurs des jours de réceptions, ces amis des temps heureux, tous ceux dont la vue nous choquait si souvent pendant nos gardes? c'était l'occasion d'accourir, de se montrer..... Mais bientôt d'autres visites allaient avoir lieu dans l'intérieur de ce château royal.

En me plaçant sur le balcon de Madame la Dauphine, je distinguai parfaitement, à l'aide d'une lunette d'approche, le nombre et le costume des ennemis qui allaient nous attaquer. Rien n'eût été plus facile, dans d'autres circonstances, que de laisser leurs masses se former en avant des ponts dont on gardait le passage, puis de les chasser dans la plaine avec la cavalerie. Nous le croyons tous ainsi : quand M. le Dauphin repassa devant le front du bataillon, les soldats le saluèrent d'acclamations; mais il était triste. La douleur de se voir trahi, abandonné par la plupart de ceux qui, dans des temps tranquilles, entouraient en foule sa personne, et qui n'avaient jamais été comblés que de ses faveurs, était facile à apercevoir. Il demanda au colonel s'il répondait de nous, et lui dit : *Le 3e a passé.*

Le 3e, notre régiment de brigade, nous avait abandonné ! Hélas ! une partie seulement de cette nouvelle était vraie, et déja elle circulait de rang en rang ! M. Quartery, commandant les grenadiers du 1er bataillon, venait de livrer, sans combat, le pont de Sèvres, une pièce de canon, sa compagnie et une autre de son régiment. Quelques compagnies suisses entourées d'habitans, ignorant ce qui pouvait se passer ailleurs, avaient déposé les armes ; les Lanciers avaient donné quelques coups inutiles ; Sèvres était abandonné.

Quartery avait combattu le 27 et le 28 à la Grève ; il était ancien militaire, de la formation de la Garde : comment expliquer sa conduite ? Elle nous fut bien pénible, et son régiment en était navré. Mais cet exemple fut terrible, il ébranla nos rangs ; peu de chose allait les éclaircir. Non pas dans ce moment où, rangés autour du Château, nous espérions prouver que toute la Garde ne livrait pas ses postes ; mais comme cette défense eût été inutile, la retraite fut commandée. L'artillerie et le 1er de la Garde, prirent la route de Ville-neuve-l'Étang. Nos voltigeurs seuls, arrêtèrent par quelques coups de fusil les éclaireurs qui montaient la Grande avenue du Château. Le duc d'Esclignac, lieutenant-colonel des Lanciers, venait d'être malheureusement blessé ; quelques soldats avaient été atteints, et nous nous trouvâmes encore une fois en retraite, laissant à l'ennemi des dépouilles faciles et par cela même plus regrettées, nos marmites et nos feux. Il était midi ou une heure.

Ici encore nous eûmes à nous plaindre de la fermeture des grilles. Sans elle notre brave capitaine P.... et ses officiers, eussent pu conduire leurs voltigeurs se mesurer avec ceux qui insultaient notre retraite ; mais elles étaient aussi malheureument fermées que les grilles latérales de la cour du Carrousel au moment de l'évacuation, et les portiers avaient disparu. Je donne ces détails pour faire apprécier quel genre de défense nous avons fait pendant tout le cours de ces évènemens.

Le nombre des assaillans n'était pas considérable, et le Château était un arrêt nécessaire à leur poursuite, comme celui des Tuileries à Paris. Ici, la Garde nationale, le maire, et les habitans de Saint-Cloud, purent modérer cette invasion moins nombreuse et moins exaspérée que celle de Paris. On commit peu de dégâts. L'appartement de Madame la Dauphine fut plus particulièrement dévasté. C'est ainsi que la bienfaitrice de deux mille pauvres pendant l'hiver de 1830, fut récompensée de sa bienfaisance. Malheureuse princesse, pour qui la France semble être un gouffre dévorant! Elle y a vu tomber sous la hache et le poignard, père, mère, parens et amis, et s'éloigne cette fois sous le poids des plus lâches et des plus absurdes calomnies! N'a-t-il pas raison le philosophe, de dire que l'offensé pardonne et non pas l'offenseur?...

Notre retraite sans combat avait exaspéré nos soldats, nous partagions tous leur dépit, mais dès ce moment toute confiance fut perdue; aussi à Versailles lorsque la Garde s'y trouva presque entièrement réunie, on n'entendait plus parler dans les groupes des camarades qui avaient péri, mais de ceux qui avaient déserté. Les fautes s'étaient trop multipliées pour qu'il n'en fût pas ainsi. Les régimens entassés pêle-mêle dans une plaine, en avant de la grille du Dragon, ou sur la place d'armes, étaient entourés d'habitans et de Parisiens: partout on voyait les cocardes tricolores sur les chapeaux ronds, aucune disposition militaire n'était prise, et une ville de vingt mille ames n'allait pas nous fournir plus de ressources régulières que les villages que nous quittions. Il fut très difficile de se procurer quelques vivres; les billets de banque reçus à Saint-Cloud, en paiement de la solde, allaient devenir inutiles en nous éloignant davantage de Paris. Je courus toute la la ville pour me procurer de l'argent pour ma compagnie. Grace à l'obligeance de plusieurs habitans, je pus réunir les fonds nécessaires au change d'un billet, et rapportai de l'argent comptant au bivouac. L'aspect en était alarmant, les pleurs nous roulaient dans les yeux en voyant les rangs s'éclaircir, les fusils rester seuls, et les hommes s'éloigner lentement, la tête basse comme celui qui, cédant à je ne sais quel instinct plus fort que sa volonté, agit contre sa conscience, le sent bien, et n'en agit pas moins.

Il fallait enfin que la vérité fût connue, des mesures énergiques pouvaient encore sinon changer le cours politique des évènemens, au moins conserver notre position militaire. D..... officier du régiment, n'hésita pas à gagner les grilles de Trianon. Il était six heures, le Roi venait de partir. Monsieur le Dauphin montait à cheval et partait, nous arrêtâmes MM. de Guiche et de Ventadour pour leur faire entendre nos observations. « On ne « savait qui commandait. Il était temps que la vie « des cours cessât, celle des camps devait com- « mencer ; l'armée royale avait besoin de voir ré- « gulariser ses services, et réparer tant de fautes « qui la démoralisaient. Ces observations dépla- « cées peut-être, en d'autres temps, nous pou- « vions les faire alors que le nombre des combat- « tans diminuait de plus en plus, et que celui des « gens de parade était nul. » Ces messieurs nous assurèrent que des mesures étaient prises, qu'on allait partir. Effectivement, une heure après toutes les troupes se mirent en marche.

Le bivouac n'avait duré que quelques heures, et la plaine était couverte de fusils ; nous en cassâmes et jetâmes un grand nombre dans le canal du parc. Les gibernes furent vidées et déchirées ; ce qui sembla réjouir beaucoup quelques habitans qui observaient nos démarches, et n'attendaient que l'instant de profiter de nos dépouilles. En sortant de Versailles, on prit la route de Rambouillet, où toutes les colonnes devaient se réunir. La nuit était obscure. Le désordre augmentait à chaque instant. Des soldats tiraient en l'air ou dans les bois des coups de fusil, au risque de blesser des camarades qu'ils ne voyaient pas. L'artillerie, l'infanterie, la cavalerie, marchaient presque de front, et nos chefs de corps, à notre tête, gémissaient et ne pouvaient porter remède à un mal venant de plus haut.

De bonnes positions prises pendant cette nuit, sur les hauteurs de Saint-Cyr, dans un pays si connu, et une marche méthodique dès le lendemain matin, pouvaient remettre nos soldats. L'École-Militaire aurait dû nous livrer son artillerie, des munitions confectionnées, nous fournir quelques ressources enfin sans aucunement compromettre la vie des jeunes élèves. Mais on ne songea à rien, et on laissa en arrière des troupes un petit parc d'artillerie qui pouvait nous être redoutable, si l'on avait dû combattre.

Près de Trappes où l'on arriva vers onze heures du soir, des bataillons furent placés les uns derrière les autres, à droite et à gauche de la route, dans les champs de blé, sans ordre de brigade ou de division ! Ce bivouac et la matinée du lendemain dimanche achevèrent ce que Versailles avait commencé. A la pointe du jour on devait partir. Un contre-ordre est donné, au moment où des régimens ont déja commencé le mouvement ; les soldats s'impatientent, ils espéraient marcher, ils prennent isolément une autre route. La difficulté de se procurer des vivres dans ce village les fait s'éloigner pour en chercher ailleurs; beaucoup ne reviennent plus. On fait quelques distributions, quand déja ils ont dépensé leur argent : en un mot, tout est confusion, désordre, comme les jours précédens, et les rangs s'éclaircissent !

A midi, heure de la plus forte chaleur, on se mit enfin en route, mais la fatigue arrêtait les plus paresseux; car sans arrière-garde d'élite, les traînards sont des gens perdus, et c'est ce qui arriva. Sur la route, à Coignières, nos colonnes furent traversées par un petit peloton d'élite du 15e léger. Le colonel de ce régiment rapportait son drapeau à Rambouillet. Un sous-lieutenant de Grenadiers le portait; il en était fier, je le conçois.

Plusieurs régimens firent halte au Peray, village à l'entrée de la forêt de Rambouillet. D'autres se portèrent jusqu'à la ville, d'autres restèrent sur la route. Ici, quelques précautions avaient été prises; on se couvrit de postes avancés. Une distribution régulière eut lieu par les soins d'un colonel d'état-major, qui, jusqu'au dernier moment, ainsi que quelques officiers de ce corps, dont un avait été blessé, furent toujours présens. Leur zèle et leur activité n'avaient pas beaucoup d'imitateurs. Le Dauphin passa dans nos lignes. Sa présence releva un peu le moral de la troupe.

Rien ne prouve mieux tout l'effet que peut produire la vue d'un chef supérieur sur le soldat, que le fait suivant que j'ai recueilli : le 2e d'infanterie de la Garde était campé à droite et à gauche de la route, formant l'arrière-garde avec la Gendarmerie et le 3e; les embaucheurs se montraient partout. A dix heures du matin le corps tout entier s'ébranla comme pour retourner à Versailles; le général Balthazar d'Arcis qui commandait la brigade, ne semblait nullement occupé de la désertion qui se manifestait dans les rangs, quand tout à coup parut le brave général de la Rochejaquelein. B... de M.. officier du 2e, accourt vers lui, et les larmes aux yeux lui rend compte des intentions des soldats; le général fait battre un ban, prendre les armes, et tout le corps rassemblé, prononce quelques mots inspirés par son vieux dévouement et sa fidélité. A peine a-t-il parlé, que les cris de *Vive le Roi!* s'élèvent de tous les rangs, partout on veut suivre le Roi, partout on jure de le défendre. L'enthousiasme fut tel, qu'un voltigeur du 2e, nommé Roy, qui manifestait l'intention de se retirer, faillit être tué par ses camarades. Le général avait été bien compris par ces braves soldats, mais ce général était un de la Rochejaquelein.

Avec de si bonnes dispositions de la part des troupes, je ne puis comprendre comment une revue générale ne fut pas ordonnée pour le lendemain, dans la ville ou dans les environs. La Famille Royale aurait dû être au milieu de nous. Dans de telles circonstances, une baraque vaut mieux qu'un palais. Les corps en se rapprochant auraient connu leur nombre, ils auraient repris une confiance mutuelle, et nous n'aurions pas eu à déplorer la défection de la grosse cavalerie.

Mais on avait tout oublié de la guerre! Comment de telles défections n'auraient-elles pas eu lieu? les diligences, les malle-postes, allant à Paris ou en revenant, sillonnaient librement la route; les émissaires à cheval passaient à chaque instant, le nouveau gouvernement semblait reconnu partout; et nous, nous ne paraissions plus être qu'une troupe de fugitifs, notre nombre devait diminuer. Le lundi matin un jeune homme approcha de nos bivouacs, il venait de passer à cheval sur la grande route, précédé d'un postillon. Il se nomme et se fait connaître pour le cousin d'un de nos camarades, dont il demande des nouvelles. Les officiers qui étaient présens l'entourent, on le presse de questions sur Paris, mais bientôt on reconnaît ses intentions. Notre colonel me chargea, sans le laisser communiquer davantage avec les soldats, de le ramener sur la route, et de l'engager à partir. Ses instances n'en furent que plus vives, il finit par nous annoncer qu'il emmenait les Cuirassiers. A peine était-il parti, que nous apprîmes la défection complète de la grosse cavalerie. Les officiers accompagnaient leurs soldats, les colonels suivaient leurs régimens, espérant sans doute améliorer le sort de leurs corps; et le lieutenant-général B... commandant cette division, après avoir protesté de son dévouement au Roi, se rendit à Paris.

Mais eux, comme nous, ont été licenciés; comme nous, ils ont fait partie de cette Garde vouée aujourd'hui aux accusations de tout genre; comme nous, ils ont perdu leurs droits acquis, seulement ils ont abandonné leurs drapeaux ! Une telle conduite de la part de militaires braves et disciplinés ne peut se concevoir que quand on a assisté aux scènes déplorables dont nous étions témoins. Quelques officiers de Grenadiers à cheval vinrent nous rejoindre aux cantonnemens de Rambouillet, décidés à subir notre bonne ou notre mauvaise fortune. Ils n'étaient pas très nombreux. On comptait bien parmi eux quelques noms connus par leur ancienne fidélité au souverain; mais la plupart appartenant à la vieille armée, n'étaient guidés que par le noble sentiment du devoir, ou n'avaient pas à reconnaître les faveurs augustes dont un grand nombre de ceux qui s'éloignaient se montraient alors si oublieux.

CHAPITRE VI.

Départ pour Rambouillet. — Bivouac. — La Cour. — Le Maréchal Marmont. — Proclamation. — Abdication. — Incertitudes. — L'aide-de-camp de Lafayette. — Arrivée des Commissaires. — Les *on dit* sur leur entrevue chez le Roi. — Désordre. — Confusion. — Départ. — Marche de nuit. — Passage à Maintenon. — Marche sur Dreux. — Retour sur Chartres. — Nogent-le-Roi. — Adieux.

Si, au bivouac du Peray et des environs, on eût pris toutes les précautions nécessaires pour l'existence morale de l'armée, cette position sans doute eût été bonne. La plaine découverte en avant de nous, un village, un bois en arrière pour assurer notre retraite : rien ne manquait pour disposer heureusement des troupes contre une attaque. L'avidité de nouvelles, si naturelle dans notre position, et l'inquiétude qui maintenant nous rendait nécessaire autre chose qu'une distribution de viande ou de pain, nous portaient à désirer d'aller à Rambouillet. L'ordre en fut donné dans la matinée, et bientôt nous nous mîmes en route à travers la forêt.

Quelques régimens étaient déja bivouaqués avant notre arrivée. Quatre bataillons étaient établis dans un pré clos de haies, à gauche de la route, en entrant en ville. Cet emplacement nous fut aussi désigné.

Sans doute la nécessité d'être près de la ville d'où nous allions tirer nos subsistances fut cause de notre concentration, mais encore fallait-il se placer de manière à pouvoir se défendre contre une attaque. Je ne sais, en cas d'alerte, ce que nous eussions pu faire ainsi entassés dans un clos n'ayant qu'une seule issue commode sur la route.

Couchés sous un abri préparé par nos soldats, nous déplorions dans notre réunion d'officiers encore présens cette fatalité qui nous poursuivait. Après tant de revues, après tant de manœuvres de parade, aujourd'hui on nous laissait, pour ainsi dire, parqués plutôt que campés ! Prévoyant les évènemens les plus sinistres et nous y préparant, les anciens officiers nous mettaient déja au rang des *demi-soldes*. « Ne vous étonnez pas, me disait l'un « d'eux, j'ai été licencié en 1814; j'ai été, sur la « Loire, licencié en 1815 ; je serai licencié en « 1830 : j'ai du malheur, je suis toujours du mau- « vais côté ! » Cette réflexion plaisamment présentée nous fit rire; mais le mauvais côté pour un militaire serait-il donc celui où est le drapeau? On serait tenté de le croire, à voir comme l'on traite ceux qui tiennent ce qu'ils ont juré, fidélité, obéissance, bases d'une armée.

Il y avait quatorze officiers au bivouac, en comptant notre colonel et nos deux chefs de bataillon. L...... un de nos capitaines, qui était aux eaux à l'époque des ordonnances, et s'était rendu à Paris, en apprenant où se trouvait le régiment, était venu le rejoindre à Rambouillet. D'après les nouvelles qu'il nous apportait de la Capitale, rien n'était désespéré : les Chambres devaient s'assembler : la régence du duc d'Orléans était probable, sans doute, si d'autres mesures et d'autres négociateurs eussent été employés.

Pendant que nos soldats dormaient au soleil ou se livraient à toutes les occupations du camp, nous allions de temps à autre au Château. L'aspect de la Cour était triste. Rien de si étonnant pour nous, que de voir en habit bourgeois un grand nombre de personnes dont nous connaissions les grades, les honneurs, les épaulettes et les broderies. Parmi ceux non destinés à combattre, on désespérait; le torrent était irrésistible, et cependant si chacun se fût montré à son poste et digne de son poste, peut-être tant de malheurs ne seraient point arrivés. Monsieur de Guiche dut entendre ces reproches, nous les faisions tout haut. Les ministres étaient partis ou partaient, les courtisans s'écoulaient, et nous, couchés sur les degrés du péristyle, nous nous livrions sans contrainte à une censure amère de leur conduite : nous en avions le droit.

Quelle épreuve ! à peine voyions-nous passer de temps à autre quelques-uns des dévoués de Saint-Cloud et des Tuileries ! Quel plaisir n'éprouvâmes-nous pas de compter parmi eux les généraux de la Rochejaquelein, de Charette, de Trogoff, de Courtemanche, celui-ci qu'aucun service n'appelait auprès du Roi ou des Princes, et qui, quoiqu'infirme, était venu offrir ses services. L'émotion de Madame la Dauphine à l'arrivée de madame de B... nous prouva que de semblables visites n'étaient plus de mode. On s'attendait à voir la duchesse de Reggio, amie plutôt que dame-d'honneur de Madame. J'oubliais que nos soldats aussi auraient cru voir ce nom parmi les présens, et plus tard parmi les défenseurs de leurs droits !

Les aides-de-camp du maréchal, en se pressant

autour de lui, méritaient un meilleur sort; leur activité ne se démentit pas un instant.

Nous apprîmes par des personnes du Château les détails du voyage de Madame la Dauphine. Cette Princesse était partie en toute hâte de Dijon, sans oublier d'y laisser mille francs pour les pauvres. Elle avait dû à la présence d'esprit de M. de Faucigny qui la faisait voyager incognito, de voir ses jours préservés de tout danger. A un relai de poste, disait-on, la Princesse avait été obligée de monter sur le siège de sa voiture pour détourner l'attention des gens qui guettaient son passage et voulaient l'arrêter.

On nous dit aussi que le roi avait donné ordre à quelques-uns des pairs qui se trouvaient près de lui de se rendre à la Chambre : M. de Girardin venait d'être envoyé auprès de M. de Mortemart, resté à Paris, pour y suivre les négociations avec le gouvernement provisoire, et les bruits d'une abdication du roi en faveur du duc de Bordeaux circulaient déja ; mais, au milieu des nouvelles contradictoires que l'on répandait, il ne transpirait rien qui pût faire supposer que les voies de conciliation auxquelles le roi avait cru devoir recourir alors, amèneraient un résultat heureux

Cependant, personne ne pouvait s'imaginer que, quelle qu'en fût l'issue, ces évènemens allaient précipiter du trône la famille royale. Aussi, tout en se perdant en conjectures sur l'avenir, n'arrêtions-nous pas notre pensée sur une pareille catastrophe. Au contraire, la présence de tant de troupes qui ne demandaient qu'à mourir pour leur roi, devait nous faire penser qu'il serait fait un appel à leur fidélité et à leur dévouement; et, à cet égard, l'issue du combat, s'il fallait l'engager, n'était pas douteuse.

Ce fut pendant la première journée de notre bivouac que le régiment des Hussards de la Garde rejoignit l'armée à Rambouillet, après une longue marche. Sa tenue, comme celle de toute la cavalerie légère et de l'artillerie, était encore admirable et imposante. Pas de désertion !

L'infanterie bien diminuée présentait cependant encore quelques corps peu entamés; elle pouvait compter six mille hommes au moins qui, avec deux mille de cavalerie et l'artillerie, la Maison du Roi, et la Gendarmerie à pied et à cheval, formaient un total de dix mille hommes ou environ. On annonça une prise d'armes pour six heures; tout le monde s'y trouva. Nous vîmes reparaître le Maréchal suivi de son état-major. Le carré fut formé. Après une courte allocution, il nous donna lecture de la lettre du Roi au Lieutenant-général du royaume. Charles X avait abdiqué; on cria *Vive le Roi!* c'était l'acclamation de Henri V.

La nuit fut tranquille. Les feux des bivouacs, le mouvement des diligences, l'arrivée de quelques estafettes, le chant montagnard des Suisses, et surtout les réflexions auxquelles chacun se livrait, il y avait de quoi occuper les instans de ceux que l'inquiétude tenait éveillés.

Le lendemain la lettre du Roi se trouvait affichée partout; comme aussi dans les cafés, dans les auberges, les journaux de Paris circulaient librement. Grace à la presse parisienne, nous apprîmes que le combat de Sèvres nous avait coûté des pertes énormes. On citait le nom du *brave* qui s'était emparé de la pièce de canon. Et comme plusieurs régimens ignoraient qu'un officier du 3e avait livré ce point important sans le défendre, l'effet de ces récits fut aussi nuisible que s'il eût été le résultat d'une triste réalité. En revenant d'une de nos courses au Château, nous sûmes que M. Poque, aide-de-camp du général Lafayette, venait d'être blessé aux avant-postes : on annonçait une enquête sévère et la punition d'une telle *barbarie*.

J'ignore si M. Poque était un parlementaire, comme le bruit en fut répandu de suite à Paris, sans doute pour nous faire regarder comme des barbares ne respectant aucune loi de la guerre ; mais à l'instant même il me sembla étrange, ayant tant vu de cocardes et de drapeaux tricolores traverser nos colonnes, que l'on eût blessé un parlementaire.

Le fait est que M. Poque était depuis quelque temps au Peray (et un parlementaire s'empresse ordinairement d'aller remplir sa mission); il recevait nos déserteurs, était accompagné de plusieurs Parisiens chargés avec lui de suivre notre marche et d'avertir de tout ce qui se passait dans la Garde. Comme il avait voulu, assurait-on, entrer *en négociation* avec les avant-postes, le général Vincent, qui commandait les Gardes du-Corps, l'avait fait prévenir de se retirer : M. Poque n'ayant point obtempéré à cet ordre deux fois donné, le général commanda à la sentinelle suisse de faire feu. Ce soi-disant parlementaire était particulièrement connu du général Vincent, sous les ordres duquel il avait servi dans le 3e des Gardes-d'honneur, en 1814.

Les feux du soir étaient allumés ; nous nous disposions à prendre quelque repos, en attendant les événemens qui, depuis l'ouverture des Chambres, ne pouvaient manquer de se presser. Une voiture en poste vint à passer sur la grande route : c'était, selon les uns, un aide-de-camp du duc d'Orléans ; selon d'autres, la réponse du général Latour-Foissac, chargé d'une négociation de la part du roi.

Ce même jour, 4 août, vers les neuf heures du soir, l'ordre de partir nous fut donné ; notre bataillon traversa le parc, et devança, à force de marche, l'artillerie et la cavalerie sur la route de Maintenon. A peine avions-nous dépassé la sortie du parc, qu'un long convoi de voitures défila au milieu de nous ; bientôt parurent les Gardes-du-Corps. Le Roi et les Princes étaient entourés de leur escorte. Où allait-on ? La présence de tant de voitures et de bagages ne pouvait nous le faire deviner. Si nous devions nous battre, à quoi bon tout cet attirail ? Mais le bruit qui se répandit alors que des masses parisiennes, annoncées par trois commissaires délégués du Gouvernement provisoire avançaient contre Rambouillet, et que le Roi se décidait à quitter la France, vint dissiper tous nos doutes sur le sort qui était réservé à la Famille Royale.

Pendant une halte que nous fîmes à Maintenon et qui nous remit de la fatigue d'une longue marche de nuit, rendue plus cruelle par l'inquiétude qui nous dévorait, nous donnâmes un libre essor à nos réflexions sur la dernière détermination du Roi; elle nous paraissait une énigme : les noms, le choix des commissaires envoyés près de Charles X, étaient le sujet de nos conversations d'officiers. On s'étonnait de voir dans la même députation MM. de Schonen et Odillon-Barrot dont l'opposition avait été si vive sous le gouvernement royal, et M. le maréchal marquis Maison. Ceux-là pouvaient bien, usant du droit de la victoire remportée par leur parti, venir imposer des conditions au Roi de France; mais un pair de la création de Louis XVIII qui avait joint à sa pairie le titre de marquis; mais un maréchal nommé par Charles X, et qui sans doute n'avait dû qu'à une insigne faveur du Monarque d'avoir été préféré à tant d'autres pour le commandement de l'expédition toute chrétienne de Morée, devait, suivant nous, être un peu embarrassé de sa nouvelle mission; sans doute la vue du drapeau sous lui vainqueur des infidèles en Morée, et tout éclatant encore de la gloire immortelle et pure recueillie sur les plages d'Afrique, devait exciter dans le cœur de ce guerrier une émotion que ses collègues ne pouvaient partager (1). Absorbés par nos réflexions morales sur l'instabilité des choses d'ici-bas, nous voulions savoir encore quelle avait été l'issue des négociations avec ces commissaires; mais quelques-unes des personnes qui s'étaient trouvées au château de Rambouillet pendant que l'on traitait, racontaient, avec des versions plus

(1) Quel jugement devra porter l'histoire sur ces représentans de la France qui, improvisant en août une constitution nouvelle, ont décrété la substitution des couleurs tricolores à celles de l'ancienne monarchie, et cela quelques jours après que par une conquête, il faut le reconnaître aussi habilement préparée que rapidement conduite, les armes françaises venaient d'ajouter un si beau trophée à nos nombreuses victoires? Et que doit penser l'Europe étonnée et enviant notre gloire, d'un changement si subit? Sans rappeler avec quels transports le drapeau blanc s'est vu accueilli des bords de la Bidassoa jusqu'aux murs de Cadix, sans parler de la bataille de Navarin, comment oublier que notre pavillon n'avait depuis quinze ans fait le tour du monde que pour porter dans toutes les régions qu'il a visitées ou les merveilles de notre industrie, ou les preuves de notre haute civilisation.

ou moins différentes, l'entretien de ces Messieurs avec le Roi. Celle que je donne ici me paraît d'autant plus vraisemblable que sans ce qui se passa, le Roi ne se serait peut-être pas décidé à une retraite aussi prompte que celle qui nous fut ordonnée et qui nous désespérait.

A leur arrivée à Rambouillet, le nombre et l'attitude des troupes qui se trouvèrent sur leur passage, en avant de la ville, fit concevoir à ces Messieurs quelques craintes sur le résultat de leur difficile mission. Le coup d'œil exercé du Maréchal lui fit reconnaître que les troupes royales étaient encore fort disposées à se battre si on leur en donnait l'occasion; et c'est ce qu'il fallait éviter. Introduits auprès de Charles X, M. de Schonen, chargé de lui porter la parole, représenta au Roi que jamais ses troupes ne pourraient soutenir le choc des masses parisiennes qui les suivaient. Le Roi, se tournant du côté du Maréchal, lui dit : Et vous, Maréchal, qu'en pensez-vous? Le Maréchal, assez embarrassé, appuya néanmoins ce que M. de Schonen venait d'avancer. Le Roi parut hésiter un instant. M Odillon-Barrot, profitant de cette hésitation, ajouta que puisque S. M. avait cru devoir abdiquer en faveur du Duc de Bordeaux, toute effusion de sang devenait inutile, et que la nomination du lieutenant-général du royaume allait pourvoir à la tranquillité de la France. Ces dispositions rassurantes des Commissaires avaient décidé le Roi, qui donna aussitôt l'ordre du départ.

C'est là, comme je viens de le dire, une des rumeurs diverses qui occupèrent nos instans de halte; nous prîmes ensuite la route de Dreux, où aucune autre troupe ne nous avait précédés. Les habitans des campagnes, étonnés de notre passage, s'empressaient de nous procurer quelques rafraîchissemens. A un quart de lieue de Nogent-le-Roi, petit village de Normandie, nous vîmes passer des équipages du Roi, sans escorte, et quelques Gardes-du-Corps chargés d'aller faire le logement. Un général passait à cheval, je crois M. M.... Ce fut par lui que nous sûmes positivement la concentration de la Garde à Chartres, le départ du Roi et le prochain passage de la Famille Royale.

Cette nouvelle et l'annonce que le Roi avait reçu les adieux des autres régimens de sa Garde, nous firent rétrograder pour pouvoir à notre tour lui rendre nos derniers hommages. On entra à cet effet dans une grange, sur le bord de la route.

Bientôt parut l'avant-garde de l'escorte; chacun reprit ses rangs, alors bien éclaircis! mais les drapeaux y étaient encore: nous pouvions donc les montrer à celui qui nous les avait confiés. Ces drapeaux, ce tambour qui tant de fois, dans des temps plus heureux, avaient salué le Roi de France, allaient s'incliner et battre pour un exilé!

Une section d'artillerie, des Gendarmes d'élite, les Gardes-du-Corps, formaient l'escorte. A l'exception de M. C.... seul officier supérieur, et de notre colonel qui était resté auprès du Roi, j'ignore quelles étaient les personnes alors présentes auprès des Princes. Inconnu à tous, je n'avais de regards que pour les plus illustres et les plus malheureux.

Mademoiselle passa la première avec sa gouvernante; aimable enfant, triste de la tristesse de tout le monde.

Le Duc de Bordeaux venait ensuite. Nous étions la dernière troupe d'infanterie de la Garde. En saluant nos rangs, il disait adieu à des compagnons de plaisirs et de travaux; il eût été un jour notre compagnon de dangers et de gloire, si les conseils de l'héroïsme eussent été écoutés.

Dans de grandes révolutions les héros méritent les couronnes.

Connaissant quelles intentions avait eues MADAME, sa vue me rappela ce qu'elle avait toujours été, ce qu'elle aurait pu être. Je savais combien chaque détail sur les malheurs qui venaient de nous accabler, l'avait affectée. Elle était en calèche, penchée vers nous; ses gestes pleins de son expression toute méridionale, son visage mouillé de larmes, tout parlait. Ce spectacle était déchirant.

Madame la Dauphine, navrée de douleur, semblait nous dire, en nous saluant, combien elle souffrait, et combien elle s'intéressait à nous.

M. le Dauphin était à cheval, il serra la main de M. C....

Le Roi passa ensuite, et avec lui la fin de l'ancienne monarchie.

CHAPITRE VII.

Marche sur Chartres. — Mots d'un paysan. — Arrivée. — Partage des Drapeaux. — Départ en voiture. — Rencontre sur la route. — Conversation avec un *brave*. — Paris. — Mécompte. — Licenciement. — Capitulation de Vincennes.

Enfin tout était consommé, et elle reprenait encore le chemin de l'exil, et elle allait sur une terre étrangère, cette royale famille qui semblait, il y avait seulement dix jours, devoir donner des asiles, et n'en avoir à demander à personne. Elle cède aux insinuations de Commissaires délégués par un Gouvernement mal assis; elle cède pour éviter la guerre civile, parce que nos pertes ont fait saigner le cœur d'un Prince qui ne veut pas risquer nos jours; et cette bonté que j'appellerai faiblesse, fait perdre un trône à l'héritier de tant de Rois. Notre réputation comme corps militaire, que nous aurions si bien soutenue dans les plaines de la Beauce, allait être bien dépopularisée par la retraite de Rambouillet. Là, nous n'aurions pas été les agresseurs; là, notre nombre n'eût pas été cause de la victoire; là, on aurait jugé si nous étions dignes d'être l'élite de l'armée française. Qu'on n'accuse donc point d'avoir fui, des Princes qui ont voulu épargner de plus grands désastres, et qui pendant la durée de ces déplorables évènemens ont toujours été trompés. Nous seuls pouvons nous plaindre, nous dont on a voulu épargner ce sang que nous aurions plus volontiers répandu, que de le sentir rougir nos fronts au mot si souvent répété de déroute de Rambouillet.

Le triste convoi venait de défiler : le régiment reprit la grande route de Chartres, tandis que pour y arriver, quelques officiers et moi avions suivi une traverse, raisonnant à perte de vue sur les causes grandes et petites qui nous réduisaient ainsi au rôle de fugitifs. Quel enchaînement bizarre de circonstances! Le 27 juillet, le roi de France, encore tout puissant, fait un appel à la force des armes, et va employer les nôtres au maintien de ses prérogatives attaquées : dans ce terrible moment, quelques-uns d'entre nous ne pensent qu'avec horreur à l'obligation de leurs devoirs militaires, et l'idée du sang de nos concitoyens qu'il va falloir répandre, jette dans nos ames une tristesse profonde;

aujourd'hui 4 août, en présence de la race de nos Princes qui s'éloignent, il n'est plus qu'un regret, celui de n'avoir pu combattre et mourir pour eux; il n'y a plus qu'une pensée, celle de leur infortune si grande et si peu méritée.

Après tous les évènemens qui venaient de faire descendre un roi de son trône, et en songeant aux élémens dont s'était formé, au sortir de la lutte, le gouvernement nouveau, nous devions nous attendre à peu de faveur de sa part. La fidélité au drapeau n'est pas toujours une recommandation favorable auprès du parti contre lequel elle a été mise à l'épreuve; ainsi nous songions déja à l'amnistie qu'on allait nous accorder. Pendant que nous faisions ces réflexions, nous regagnions la grande route; mais avant d'y arriver, nous nous reposâmes à la porte d'une chaumière, où un paysan, qui nous donna du vin, vint prendre part à notre conversation. Nos interrogations sur l'effet que devait produire dans les campagnes le grand évènement l'ayant mis en veine de nous parler, il nous dit entre autres choses, que *sans tout ceci la dîme eût été rétablie le 7 août.* J'en pris note en pensant que sans doute ce brave paysan ne faisait que répéter, ou ce qu'il avait entendu dire à la ville, ou ce qu'on était venu lui raconter, pour lui faire prendre en haine l'ordre de choses alors établi.

Nous arrivâmes à Chartres, à travers une foule de petits détachemens qui s'y rendaient de toutes parts. L'empressement de certains généraux pour conserver dans les nouvelles circonstances leurs positions avantageuses, était remarquable ; on cherchait à retenir le plus de troupes qu'on pouvait, à présenter un corps nombreux d'officiers, par intérêt, non pas de la Garde, mais dans celui de quelques individus, ces motifs nous rendirent fort indifférens à toute espèce de capitulation. Le même soir les drapeaux furent partagés entre les présens; chacun conserva le morceau qui lui échut, comme ces pèlerins qui, après une course lointaine et périlleuse, rapportent quelque pierre du monument où les avait conduits leur vœu.

Le lendemain matin avec quelques anciens camarades de l'École-Militaire, nous louâmes à frais communs une voiture pour arriver plus promptement à Paris. En vain on nous objecta la soumission de la Garde au Gouvernement provisoire : en vain on nous annonça l'arrivée du général Gérard, qui ayant réuni les officiers supérieurs, avait assuré la conservation des droits, avant de donner les feuilles de routes pour nous désunir. Nous voulûmes à notre tour goûter un peu de cette liberté, dont le nouvel ordre de choses nous promettait dans ses journaux l'entière possession, et après tant de sacrifices à notre devoir, nous nous avisâmes de ne penser qu'à nous. Quant à la conservation des droits, au maintien ou au licenciement de la Garde, après tout ce que nous avions vu s'anéantir, pouvait-on croire à quelque chose de certain? Nous partîmes donc.

Le costume de voyage, dans notre voiture, était peu militaire : des blouses achetées ou échangées contre une partie de notre défroque, des casquettes, plus de moustaches, des visages animés ou impatiens plutôt que tristes, des rubans tricolores à notre boutonnière et au chapeau du cocher, puisque des drapeaux semblables ombrageaient les impériales des diligences, et que les meilleures feuilles de route que nous pussions avoir pour traverser sans danger les colonnes parisiennes que nous nous attendions à trouver, étaient encore ces mêmes couleurs : c'est ainsi que nous cheminâmes fort promptement jusqu'à Rambouillet.

Tout y était encore dans la plus grande confusion. Cependant les *80,000 hommes* de l'armée parisienne si imperturbablement annoncés (1), et attendus avec une si vive inquiétude par les paisibles habitans de la ville, n'avaient point paru. On n'avait pas vu davantage les 25,000 hommes d'avant-garde, pour laquelle les autorités averties s'étaient empressées de faire confectionner *25,000 rations*; mais des éclaireurs de tous genres, de petits détachemens composés pour la plupart de gens sans aveu, n'obéissant à aucun chef, s'étaient répandus dans l'intérieur de la ville, et leurs insolentes bravades n'avaient laissé partout qu'une triste idée de leurs prétendus exploits. Lorsque nous traversâmes Rambouillet, la plus grande partie de cette armée sans organisation, sans chef, et marchant toute à l'aventure, mais dont, en tous les cas, on exagèrerait encore beaucoup le nombre en la portant à quelques milliers d'hommes, avait rebroussé chemin. Le départ d'hôtes aussi incommodes paraissait avoir satisfait les habitans. En repassant dans la forêt, nous aperçûmes un homme ivre sur les bas côtés de la route. C'était

---

(1) Voir les journaux de Paris d'alors.

un Parisien qui nous demanda une place, elle lui fut accordée.

La conversation s'engage. « Vous êtes donc aussi « des amis, nous dit notre nouveau compagnon de « route (c'était le cas ou jamais de dire comme le « proverbe : l'habit ne fait pas le moine).—Oui sans « doute, répondis-je, et vous, comment si tard « en arrière.—Ah ! on a bu un petit coup, n'est-ce « pas, et les autres sont partis? Puis le maire « de Rambouillet m'a dit que je parte. Mais je « lui ai dit, maire! je suis venu pour proté- « ger vos propriétés, je n'en ai pas moi, ça « m'est égal. Puis on n'a rien fait et on a dépensé « son argent ! » La conversation continua entre lui et le cocher, tandis que nos commentaires sur le protecteur des *propriétés* de Rambouillet et sur ce mot, *on n'a rien fait !* nous conduisirent jusqu'à Versailles, où nous arrivâmes vers la nuit. Avec quel empressement inquiet chacun de nous se rapprochait de la Capitale, où nous allions rentrer sous un costume si bizarre, avec des idées si différentes de celles qui nous assaillaient en y entrant dix jours auparavant.

Plus d'opposition, plus d'obstacles, les abus étaient tombés, tel était le cri général; j'étais, il est vrai, un peu froissé de la chute; mais quand on a marché pour faire son devoir, on peut aussi bien souffrir pour l'intérêt général : d'ailleurs je me consolais de mes désastres particuliers en songeant à ceux dont j'avais été témoin. Je n'avais plus grande confiance dans les hommes, mais la force des choses me consolait. J'oubliais que les hommes font les choses (1). Bientôt quel fut mon

(1) Plus nous avançons dans la carrière du *bonheur* promis à la France par la révolution de juillet, et plus ces réflexions trouvent ici une juste application : aussi que de gens alors enthousiastes des *glorieuses journées* sont réduits aujourd'hui à regretter qu'elles aient eu lieu ! Pour expliquer les causes d'un changement si subit dans les idées de tant de personnes, on n'a qu'à interroger le commerce et l'industrie. Sans parler du bouleversement des fortunes particulières, que sont devenus le crédit et la prospérité de la France ? En vérité, quand l'on compte toutes les fautes déja commises, et les maladresses et les inconséquences des ministres auxquels ont été confiées tour à tour, depuis six mois, les rênes de l'État, on ne sait comment qualifier la conduite de ces hommes dont la voix s'élevait sans cesse à la tribune et dans les rangs de l'opposition, pour corriger des abus ou réparer des injustices que leur présence aux affaires n'a fait que rendre plus

étonnement, quand je vis rajeunir les abus, les exigences, les prétentions de tant de *sauveurs de la patrie*; alors commença la curée des places. Des placards couvraient les murs à tous les coins de rues. Les citoyens s'adressaient à leurs concitoyens; j'aimais assez cet échange public d'opinions, mais le Gouvernement ne marchait pas; où donc étaient les principes si longtemps vantés? Où était l'application de nos théories de parfait gouvernement? J'étais déja fatigué de ne rien comprendre aux affaires générales, quand l'ordonnance de notre licenciement parut pour m'intéresser plus particulièrement. Je m'y attendais, mais comme pendant quinze ans à la tribune j'avais entendu défendre ce principe pour moi rigoureux et évident que le grade appartient à l'officier et l'emploi au Roi, je croyais bientôt, à cause des circonstances, me voir ranger parmi les officiers à demi-solde, et non pas, je l'avoue, parmi les dégradés. Les explications nécessaires

---

crians et plus multipliés, bien loin de nous en délivrer. Dans les pygmées d'aujourd'hui, pourrait-on jamais reconnaître lés habiles d'autrefois?

furent données (1) et nous apprîmes que le grade supérieur, acquis en vertu d'ordonnances régissant l'armée lors de notre entrée dans la Garde, et ayant force de loi d'après l'ancienne Charte, que ce grade, dis-je, ne nous était point enlevé ; mais qu'on nous privait de notre ancienneté. On ne commettait qu'une demi-injustice, elle était criante; malgré l'envie de protester il fallut se taire, heureux selon certains journaux, qu'on voulût bien nous laisser vivre; fort malheureux, au contraire, selon toutes les idées de droiture et d'honneur, qu'après avoir suivi nos drapeaux et être restés fidèles à nos sermens nous dussions subir une pareille injustice et voir un principe violé par ses défenseurs les plus opiniâtres depuis quinze ans; mais qu'importe que le *principe* soit violé si l'honneur nous reste, et si chacun peut dire : J'ai fait ce que je dois, advienne que pourra.

FIN.

---

(1) Voir la page 130.

NOTE.

J'ai dit au commencement de cet ouvrage, que lors des évènemens de juillet, un bataillon de mon régiment tenait garnison à Vincennes. M. de Puyvert commandait le fort, et là, pas plus qu'ailleurs, aucune mesure de défense n'était prise; rien n'avait été préparé; la garnison n'avait seulement pas pour deux jours de vivres.

Après quelques pourparlers établis entre les délégués du Gouvernement provisoire, le 30 juillet et les premiers jours d'août, il fut convenu que si le 5, le commandant du château ne recevait pas d'ordres, remise en serait faite aux autorités nouvelles, et une capitulation honorable fut stipulée pour la garnison. *Elle garantissait à chacun ses grades, honneurs et prérogatives.* Mais par suite du licenciement de la Garde, les officiers nos camarades ont subi le sort commun, en dépit des signatures et du respect dû aux capitulations : nos soldats ont été désarmés et renvoyés à Saint-Denis comme *des condamnés!* Ils s'y seraient portés aux plus coupables excès si les prières de leurs officiers ne les eussent contenus. Rien ne m'étonnait dans tout cela. Seulement, je l'avouerai, être ainsi traités par un ancien militaire, voir un général qui peut, en fouillant les cartons relatifs à la Garde, s'assurer de ce qu'elle était, et apprécier chacun de nous mieux que la défaveur populaire ne pouvait le permettre à ceux qui en parlent sans la connaître : voilà ce qui nous a tous surpris en apprenant l'explication de l'ordonnance, et dernièrement encore son exécution.

FIN DE LA NOTE.

TABLE.

FIN DE LA TABLE.

Ouvrages qui se trouvent chez le même libraire.

JEUNES VOYAGEURS (les) en Asie, ou Description raisonnée des divers pays compris dans cette belle partie du monde, contenant des détails sur le sol, les productions, les curiosités, les mœurs et coutumes des habitans, les hommes célèbres de chaque contrée, et des anecdotes curieuses, par P. C. Briand, auteur des Jeunes Voyageurs en Europe, etc., 8 vol. in-18, sur papier grand-raisin, ornés de 16 jolies grav. en taille-douce, de 6 cartes particulières, et d'une carte générale de l'Asie, coloriées, couvertures imprimées. 25 f.

LETTRES VENDÉENNES, ou Correspondance de trois amis, en 1823, dédiées au Roi, par M. le vicomte Walsh, quatrième édition, revue, corrigée et augmentée d'une lettre en réponse au *Constitutionnel*. 2 vol. in-8. 12 f.

Le même ouvrage et la même édition, 3 vol. in-12. 8 f.

SUITE aux Lettres Vendéennes, ou Relation du voyage de S. A. R. *Madame*, duchesse de Berry, dans la Touraine, l'Anjou, la Bretagne, la Vendée et le midi de la France, en 1828, dédiée à S. A. R. Monseigneur le duc de Bordeaux; par le même auteur, deuxième édition, revue, corrigée et augmentée. 1 gros vol. in-8, satiné, avec vignettes. 7 fr.

Le même ouvrage et la même édition, 2 vol. in-12. 5 f.

GILLES de Bretagne, ou le Fratricide, chronique du quinzième siècle, par le même, deuxième édition. 3 vol. in-12. 7 f. 50 c.

LETTRES sur l'Angleterre, ou Voyage dans la Grande-Bretagne en 1829, par le même auteur. 1 vol. in-8, satiné; orné de 6 figures. 7 f. 50 c.

HISTOIRE DES ÉMIGRÉS français, depuis 1789 jusqu'en 1828. par M. Antoine de Saint-Gervais. 3 vol. in-8, couv. imp. 15 f.

Vie de Saint-Vincent de Paul, par M. Capefigue, auteur de l'Histoire de Philippe-Auguste, et de divers autres ouvrages couronnés par l'Académie française. 1 vol. in-8, imprimé en cicéro neuf, sur papier fin des Vosges. 5 f.

Cet ouvrage a remporté le premier prix de fondation royale à la Société Catholique des bons Livres pour l'année 1826. M. Capefigue a obtenu la médaille d'or de 1200 fr.

Mémoires du duc de Saint-Simon sur la cour de Louis XIV et la Régence, nouvelle édition (1826), mise dans un ordre chronologique, accompagnée de notes, et précédée d'une notice historique sur la vie et la famille du duc de Saint-Simon, suivie d'un appendice, etc., et de tables des matières, par M. F. Laurent, professeur au collège royal de Charlemagne. 6 vol. in-8, sur pap. vélin. 36 f.

Elémens de philosophie, contenant la logique, l'art du langage, la métaphysique et la morale, par M. Genty, professeur de mathématiques au collège royal de Henri IV, 2e édition, revue, corrigée et augmentée. 2 vol. in-8. 12 f.

Réflexions sur la révolution de France, par Ed. Burck, publiées en 1790, nouvelle traduction, revue et corrigée par M. J. A. chevalier de la Légion-d'Honneur. 1 gros vol. in-8. 6 f.

Souvenirs d'un Officier royaliste, contenant son entrée au service, ses voyages en Corse et en Italie, son émigration, ses campagnes à l'armée de Condé, et celle de 1815 dans la Vendée, par M. de R....., ancien colonel d'artillerie. 3 vol. in-8. Paris, 1824-29. 18 f.

Nota. Cet ouvrage est complet maintenant.

Prisons (des), de leur régime, des moyens de l'améliorer; par E. Danjou, avocat à Beauvais. 1 fort vol. in-8. 7 f.

Cet ouvrage a été couronné par la Société Royale des Prisons, séance du 16 mars 1821 présidée par M. le Dauphin.

Promenade (à pied), de Paris à Bagnères de Luchon, et retour, par M. le comte P. de Vaudreuil, auteur du Tableau des mœurs françaises. 3 parties in-8. 14 f.

Tableau des mœurs françaises aux temps de la chevalerie, par M. le comte P. de Vaudreuil. 4 vol. in-8. Paris, 1825. 20 f.

Géographie de la France, par M. de Lespin, officier de l'Université. 1 gros vol. in-8. 6 f.

— *Idem*, abrégé, in-12. 1 f. 50 c.

Géographie ancienne et historique, composée d'après les cartes de Danville, contenant l'origine, la situation, les mœurs et coutumes de tous les peuples de l'antiquité, etc., etc. 2 forts vol. in-8. 12 f.

Conjuration d'Etienne Marcel contre l'autorité royale, ou Histoire des Etats-Généraux de France, de 1355 à 1358, par M. Naudet, professeur de rhétorique au collège royal de Henri IV. 1 vol in-8. 5 f.

Le talent de l'auteur, que l'Institut a déja couronné plusieurs fois, recommande cet ouvrage à l'attention du lecteur ; il présente d'ailleurs de nombreux points de ressemblance avec les circonstances dans lesquelles nous nous sommes trouvés.

Chefs-d'oeuvre du siècle de Louis XIV (poésie et prose). 1 vol. in-18 de 500 pages. 2 f. 50 c.

C'est une idée fort ingénieuse que celle de l'auteur qui a réuni sous un aussi petit format ce que les Corneille, les Molière, les Racine, les Boileau, les La Fontaine, les Pascal, les Fénélon, etc., ont produit de plus admirable. L'ami des lettres aime à porter en voyage et dans ses promenades ce petit volume qui renferme l'œuvre par excellence des génies qui ont fait donner au siècle où ils ont paru le nom de grand siècle.

Chefs-d'oeuvre du XVIIIe siècle (poésie et prose). 1 volume in-18, de 500 pages. 2 f. 50 c.

Fait sur le même modèle que le précédent, dont il est le complément nécessaire, ce recueil renferme des pièces de Voltaire, Piron, Gresset, Pompignan, Rhullières, Florian, Massillon, d'Aguesseau, Buffon, Montesquieu, J. J. Rousseau, Saint-Réal, Vauvenargues, Thomas, Duclos et Lesage.

Mémoires pour servir à l'Histoire de la campagne de 1815 dans la Vendée, par le lieutenant-général, comte Charles d'Autichamp, pair de France, etc., etc. 1 vol. in-8. 3 f.

Observations morales, critiques et politiques, par A. D***, in-8. 1821. 2 f. 50 c.

C'est un recueil de pensées, de maximes et de portraits. L'auteur s'approche autant qu'il peut de La Bruyère, de La Rochefoucauld et de Vauvenargues.

Observations sur les quatre concordats de M. de Pradt, par M. Bernardi, membre de l'Institut et de la Légion-d'Honneur. 1 vol. in-8. 4 f.

Discours et fragmens, par M. Bergasse. 1 vol. in-8. 2 f.

Essai sur la propriété, ou Considérations morales et politiques, etc., etc., par le même; deuxième édition in-8. 3 f.

Les droits des Femmes et l'injustice des Hommes, par mistris Godwin, traduit librement de l'anglais, sur la huitième édition augmenté d'un apologue: l'Instruction sert aux Femmes à trouver des maris, par M. César Gardeton, deuxième édition. 1 vol. in-18. 1 f. 25 c.

Papier vélin. 2 f. p. 2 f. 50 c.

Crimes (des) de la Révolution Française, etc., par un curé du diocèse de Soissons. 1 vol. in-8. 5 f.

Récit des opérations de l'armée française en Espagne, en 1823, par M. Capefigue. 1 vol. in-8, avec le portrait de S. A. R. le duc d'Angoulême. 5 f.

www.ingramcontent.com/pod-product-compliance
Ingram Content Group UK Ltd.
Pitfield, Milton Keynes, MK11 3LW, UK
UKHW031914260826
14628UKWH00003B/1192

9 782014 092745